道教常識答問

插图本（第二版）

陈莲笙 著

上海辞书出版社

再版说明

这本《道教常识答问》是家父陈莲笙道长应上海辞书出版社之约请写作的。这次再版也是应上海辞书出版社之约请，由我来完成修订工作。

家父写作《道教常识答问》书稿和校订清样，都是认真负责的，几乎占用了他羽化前最后几年的时光。因此，本人所做的修订工作，几乎都是技术性的，对于全书的内容不做也不需做改动。

本书的最后一个问题是："当代道教发展有哪三个关键问题需要认真解决？"这个问题具有前瞻性，很敏感，但又极其重要。陈莲笙的答案是根据他在 1992 年参加中国道教协会在西安举办的中国道教文化研讨会上发表的论文《培养人才，加强联合，适应时代——关于中国道教文化的当代发展的三个问题》撰写的。

2023 年，北京的宗教文化出版社出版了由中共中央统战部宗教研究中心编纂的《近代以来宗教文献选编》，这本收录百年来的重要宗教文献的集子就收了陈莲笙在 1992 年发表的这篇论文，并且写有编者按语，为选用该论文做了说明和评价。

该编者按语称："陈莲笙结合自身入道、闻道和对道教工作的切身体会，对当代道教所处时代特点、发展机遇和面临的挑战，进行了全面思考。"陈莲笙提出这三个问题，"立足道教健康发展，契合道教与社会主义社会相适应的时代要求，代表了他对道教现代化转型的基本认识，对推进道教中国化具有重要的启示意义”。这也可视作对本书最后一则答问的评价。

我想，上述评价也许正是上海辞书出版社再版陈莲笙著《道教常识答问》一书具有的理论意义和现实意义吧。

再版修订人　陈耀庭

2024 年 3 月

序 言

这本《道教常识答问》是应出版社之约编写的。

道衲学道、从道已近八十年了，但是如此系统地写作一本介绍道教常识的书，还是第一次。编写之时，感慨良多。

感慨之一，道衲青年时期学道，颇想从书本上了解道教的知识，但是，那个时候介绍道教的书只有两本，一本是日本人小柳司气太写的《道教概说》，一本是傅勤家的《中国道教史》。两本书的篇幅都不大，薄薄的。直到 1946 年，才有了一本有分量的著述，那就是陈国符先生的《道藏源流考》。可是，今天要想了解道教，我想可以找到几十本，甚至上百本有关道教的书籍和刊物。

感慨之二，道衲注意到现在出版道教书籍的作者多了起来，其中有道门中人，例如任法融会长、张继禹副会长，以及丁常云、袁志鸿、张金涛、杨世华、张兴发等贤契；而更多的是学者，例如长期从事道教研究的挚友李养正教授和已故的王沐先生、王明教授等同道。道教的研究机构也建了起来，特别是四川大学卿希泰教授创建的宗教研究所，人才济济。据说，全国已经培养出数以百计的以道教为研究方向的硕士和博士，他们成为道教研究的脊梁。

感慨之三，道衲获悉，全世界范围的以及多边、双边的道教研究国际会议已经举行了几十次。这些年来，道衲就接待过法国的施舟

本书作者

人和劳格文教授，日本的福永光司和蜂屋邦夫等教授。他们的著作都能客观而公正地评价道教和中国传统文化。至于全国范围（包括与港澳台地区联合举办）的有关道教的研讨会，几乎年年都有多次。

感慨之四，道衲看到全国的道观恢复开放，大部分道观香火旺盛，庙观整洁，自给自养有余，道教培养的青年道士都已经挑起了传道、弘道的重担。

所有这一切，都显示出道教作为中国的传统宗教已经恢复了它应有的地位，中国人民获得了宗教信仰自由的权利，中国传统文化得到了重视和发扬，中华民族已经平等地列身于世界民族之林，中华民族正掀开了复兴、强盛的新的一页。

作为一个目睹百年沧桑的老道士，我对于中华盛世的到来，是欣喜若狂的；对于中华民族强盛的未来，是充满信心的；对于道教适应社会、服务社会、有功社会，也是寄予厚望的。

道法无边。而道衲所学所知，必有不当之处，恳请各位批评指正。本书在编写过程中，道衲曾经参考过中外学术界的许多研究成果，限于篇幅，未能一一注明，敬请谅解，并向各位同道和学界朋友致以衷心的感谢。

陈莲笙
九秩之年季春

目录

第一章

道教的创立

问： 什么是“道教”？

答： 道教是一种产生于中国土地上的宗教。信仰道教的主要是中国人，而且主要是中国五十六个民族中的汉族以及部分少数民族，例如瑶族、彝族、白族等。道教以“道”为基本信仰，奉老子（图 1）为教祖，以《道德经》为主要经典。道教供奉的神灵为数众多，其中以三清为最高尊神。道教主张敬天爱民、济世度人，认为通过祭拜神灵、修炼自身和践行善良，可以得到长生成仙的正果。道教专职的教徒称为道士，其中，女道士又被称为道姑。道教供奉神灵和从事宗教活动的场所称为宫、观或庙，例如沈阳太清宫、北京白云观、上海城隍庙等。道教历史上曾经出现过许多宗派，目前道教的主要宗派是全真派和正一派。当代道教徒的社会团体，有的称为道教协会，有的称为道教总会、道教徒联谊会等。道教徒通过自己的团体和场所，在当代社会中发挥着安定社会、济世度人的积极作用。

图 1 苏州玄妙观老子像碑（宋）

问：“敬天祭祖”是不是道教的主要特征？

答：“敬天祭祖”不是道教首创，而是中国人自古就有的宗教习俗。旧时，所谓“天”是指“天帝”，“祖”是指“祖先”，“敬天祭祖”即敬拜天帝和祭扫祖先。祭拜天帝是中国上古三代就有的传统。那时，皇帝出征、打猎等都要占卜询问天帝的旨意，这些在中国最早的文字——甲骨文中就有清楚的记载。不过，那时敬天是皇帝的特权（图 2），普通百姓是不能敬天的，否则就是谋反，就是企图篡位，是重罪。普通百姓只能祭祖，即祭祀自己的历代祖先。道教是产生于中国土地上的宗教，自然会延续这样的传统。所以，道教也敬天祭祖。只是它所敬奉的“天”不再是皇帝祭拜的“天帝”，而是有特定的神灵名称的天神，例如元始天尊、太上老君等。敬天祭祖作为中国人的传统，经过几千年的变化，至今还有极大的影响。每逢清明节，中国人都有祭扫祖先坟墓的习俗，届时为祖坟除草培土，为祖先供奉祭品、焚香烧纸，寄托哀思。而在这些扫墓的人群

图 2　北京天坛

中，既有道教徒，也有佛教徒，也有不信宗教者，等等。国家已经从 2008 年起，将清明节列为法定节假日，这样就为中国人固有的慎终追远的传统美德创造了弘扬的条件。所以，道教是敬天祭祖的，但敬天祭祖的却不一定是道教徒，敬天祭祖也不是道教的主要特征。

问：　那么，会打拳舞剑是不是道教徒的主要特征？

答：　喜欢看武侠小说的人，对道教的“青城派”“武当派”“华山派”“龙门派”等有所认识。“青城”是位于四川境内的青城山，“武当”是湖北境内的武当山（图 3），“华山”是位于陕西境内的西岳华山（图 4）。这些名山都是历代道教徒修炼和供奉神灵的地方。青城山素称“第五洞天”，武当山是七十二福地之一，华山则是“第四小洞天”。道士在深山老林中修炼奉道，自然要有强健的身体，还要有防身的功夫。

图 3　武当山远眺

图4 西岳华山

图 5 双雄争辉

图 6 虚步挑掌

因此，历史上这些名山的道士大多会武功。相传太极拳就出自武当。有一次，明代道士张三丰在武当修炼时，突然听见庭院里有喧哗之声，出来一看，只见一只老鹰正在搏击一条大蛇。那蛇左躲右闪，猛然出击，击退了老鹰。张三丰由此创立了以柔、静、虚、空、中、正、圆、和等为特色的太极拳。道士的武功，从宋元以后逐渐流向了社会，于是社会上出现了一些专门练武的人以及靠教授武功为生的职业，并且因为师承关系出现了众多门派。武术界的朋友自称属于青城派、武当派或华山派，表明他们的武术同道教具有某种渊源关系。但是，这些习武的人大多不是道士。当然，青城山、武当山、华山、茅山、崂山、千山、缙云山等名山上的道教宫观中，至今仍有道士练习武功（图 5、6），并将武功操练作为自己日常修持的手段之一。但是，他们都是道士，分别属于全真派和正一派，而没有自称是青城派、武当派或者华山派的。所以，道教中人可能会打拳舞剑，但会打拳舞剑的却不一定是道教徒。会打拳舞剑不是道教徒的主要特征。

问： 道教的主要活动，是否就是为超度亡人而吹吹打打？

答： 说到道教，我也曾听到过有人这样说："道教嘛，就是给死人吹吹打打。"其实，这是一种误解。道教的宗教活动，主要不是为超度亡灵而吹吹打打，而是为追求"长生成仙"举行的各种课诵、祭炼、斋醮、礼仪、修持等活动。道教为超度亡灵而吹吹打打，也为人祈福延寿而吹吹打打，是道教"慈悲拔苦""济世度人"的入世法之一。各种宗教，比如佛教、基督教等大多也有类似的活动，只是内容和形式有所差异。道教是中国的宗教，仪式活动用的是中国乐器，唱的是中国曲调。吹吹打打正是中国人表达感情的音乐手段，几千年来一直流传至今（图 7）。道教在宗教活动中，运用自己传统的音乐形式吹吹打打，也是天经地义的事情。人们从电视纪录片里还可以看到其他国家或地区的某些土著的宗教仪式，他们不仅是吹吹打打，鼓声震耳，而且还跳跳蹦蹦，舞蹈癫狂。这些都是宗教民族性之使然。

图 7 祈太平（苏州姑苏仙乐团）

问：　在道教创立以前，中国有没有宗教？

答：　在道教产生以前，中国并不是一个没有宗教的国家。中国古代早就有了宗教，只不过当时还没有完全具备现代所说的宗教的各个要素，例如创始人、教义、经典、组织、仪式、宗教建筑等。宗教是一种历史现象，有一个逐渐完备的过程。按照现代宗教学的分类，如果按时间划分，宗教的历史发展可以分为史前宗教、原始宗教、古代宗教、当代宗教等。中国远古人类，如果从元谋人算起，至今已有一百七十多万年的历史。北京周口店发现的北京猿人和山顶洞人也有七八十万年了。祖先们当时是怎样生活的，我们无从知晓。但是，考古发现，早在一万八千年以前，山顶洞人已经有在死者遗体旁边放置日用生活器具、生产工具，以及首饰等物品的葬俗。而且在死者身旁还撒有红色铁矿粉末，这说明山顶洞人已经有了灵魂不死的观念。从历史文献来看，中国原始文化时期，一直有“巫”的存在。“巫”有四种职能，其中之一就是沟通人神，即充当神职人员。直到西周制定完整的礼仪制度，中国文化才摆脱了“巫”对通神职能

图 8　江苏连云港将军崖太阳神岩画

的控制。从上古文献中我们还可以约略知道，那时已经有了自然崇拜，有了祭祀太阳神（图 8）、地神，以及求雨，祭祀山神、河神、农神的礼仪。那时也已经有了鬼魂崇拜，有祭祀家族人员的礼仪、殡葬礼仪，等等。这些礼仪实际上就是中国古代的宗教礼仪。

问： 那么，道教是何时创立的？

答： 关于道教创立的年代，道教界和学术界有两种说法。一说道教由黄帝和老子创立，称为“黄老道”，以黄帝历法纪元元年作为计算道教创立的年份，故认为道教已经创立了四千多

图 9 龙虎山天师府张天师像

年。另一说道教是东汉末年由张陵(34—156)创立的。史称东汉顺帝汉安元年(142 年),张陵在四川鹤鸣山修道,太上老君降临,授予天师之位和“三天正法”。(图 9)张陵奉老子为教主,以《道德经》为基本经典,创立了正一盟威之道,即五斗米道。据此,道教也有一千八百多年的历史。

问: 早期道教有哪些派别?

答: 早期道教,一般指的是创立时期的道教,即东汉末年张陵创立的正一盟威之道和张角(?—184)创立的太平道。此外,还有魏晋时期的帛家道、李家道、干君道等。其中,帛家道以帛和为祖师,主要活动在今河北地区。李家道由蜀人李宽创立,主要活动在长江以南地区。干君道托名为干吉创立,主要活动于江南吴地。

问: 早期道教有两大派别,为何太平道湮没无闻,而正一道传承至今?

答: 太平道是早期道教的主要派别之一。东汉灵帝(168—189 年在位)时,太平道在今河北巨鹿地区崛起。张角奉黄老道和《太平经》,以符水咒法为人治病,自称“大贤良师”,借治病、收养弟子的方法传教。十多年里,徒众发展到几十万人，遍及青州、徐州、幽州、冀州、荆州、扬州、兖州、豫州等八州。为便于管理，下设三十六“方”，大方万余人，小方六七千人。每方设立渠帅统领。太平道出于对东汉末年统治者的腐败极端不满，遂以“苍天已死，黄天当立，岁在甲子，天下大吉”为口号，暗中准备起义。太平道将东汉王朝比喻作“苍天”，将自己比喻为“黄天”。黄色是中央之色，代表权力和地位；岁在甲子，意为甲子年甲子月甲子日起义。中平元年（184 年），由于张角的弟子唐周叛变，太平道的起义提前发动。张角自称“天公将军”，其弟张宝称“地公将军”，张梁称“人公将军”。史书说当时“州郡仓促失据，二千石长吏皆弃城遁走，京师振动”。因为太平道的起义军都以头裹黄巾为标志，于是世人称其为“黄巾军”，史称“黄巾起义”。黄巾起义以失败告终，太平道被严禁，魏晋以后即湮没无闻，唯有所奉《太平经》残存在各种史书中，可以略窥其教义主张。而创立于巴蜀的正一道，并未遭到镇压，因此流传至今。

问：《太平经》的内容有哪些？

答：《太平经》又名《太平清领书》，是太平道的主要经典，太平道以之为教义理论基础。传说东汉方士于吉在曲阳泉上得到此书。全书分为十部，共一百七十卷。内容极其广泛而庞杂，殆非一人一时之作。概而言之，大致包含四个方面：

一是列举了道教崇奉的神灵，提出了"道"和"神"的关系，认为"夫道乃洞，无上无下，无表无里，守其和气，名为神""身无道而不成神"，等等，为道教的有神论思想奠定了基础；二是反映了底层民众的心声，如反对贫富不均，主张凭劳动自食其力，反对富人聚敛财富，鼓吹太平社会的社会理想，该书以此为出发点阐述太平的治国方法，主张"无为而无不为"的治国方针；三是对于道教徒修养的规范，认为天地和人相互感应，人的行为要符合天道循环，不然就会对人的行为给以惩处等报应；四是列举了一些道教徒的修持方法，例如守一、辟谷、食气、复文、悬象返神等，其中，特别推举守一，称"守一明法，长寿之根也"。从《太平经》的内容可以知道，太平道从创立开始就站在处于社会底层的苦难的民众一边，其传教对象主要是社会的弱势群体。明《道藏》收有《太平经》的残缺本。今人王明有《太平经合校》。（图10、11）

图10 《太平经合校》书影

图11 《太平经》神仙宫室图

问： 张陵创立的早期道派是五斗米道还是正一道？

答： 一些史书将张陵创立的早期道派称为“五斗米道”，其实，这不是张陵和道门对该道派的称呼。东晋常璩《华阳国志》说张陵创教：“其供道限出五斗米，故世谓之‘米道’。”西晋陈寿《三国志》称：“祖父陵，客蜀，学道鹤鸣山中（图12），造作道书以惑百姓，从受道者出五斗米，故世号米贼。”《典略》称：“使病者家出米五斗以为常，故号曰五斗米师。”这些材料都说明“五斗米道”是教外鄙视张陵所创道派的

图 12 道教发源地鹤鸣山

说法。道门中则称之为“正一道”“正一教”“正一盟威之教”等。《汉天师世家》称：“祖天师倡正一教于汉。”《云笈七签》解释“正一”时称：“天师自云，我受于太上老君，教以正一新出道法。”“太上亲降，汉安元年五月一日，授以三天正法，命为天师。又授正一科术要道法文。其年七月七日，又授正一盟威妙经，三业六通之诀重为三天法师、正一真人”。《太平御览》引《上元宝经》称：“太清正一真人张道陵，沛国人，本大儒。汉延光四年始学道，至汉末于鹤鸣山，仙官来降，授以正一盟威之道，施化领民之法，号天师。”这些道教文献，都以“正一道”来称呼张陵创立的道派。正一道早期设有“二十四治”管理教徒，并且有入道手续和制度，以交纳五斗米作为入道的信物。入道交米，这从加强道教作为信仰者的团体的组织严密程度而言，无疑是一种进步的表现，就像今天交会费一样。

问：**请问正一道所设二十四治的情况如何？**

答：二十四治是张陵管理教徒的组织系统（图13）。据《云笈七签》记载，它是太上降授给张陵的，“太上以汉安二年正月七日中时，下二十四治，上八治，中八治，下八治，应天二十四气，合二十八宿，付天师张道陵奉行布化”。二十四治的上八治，即阳平（图14）、鹿堂山、鹤鸣山、漓沅山、葛璝山、庚除、秦中、真多；中八治，即昌利、隶上、涌泉山、

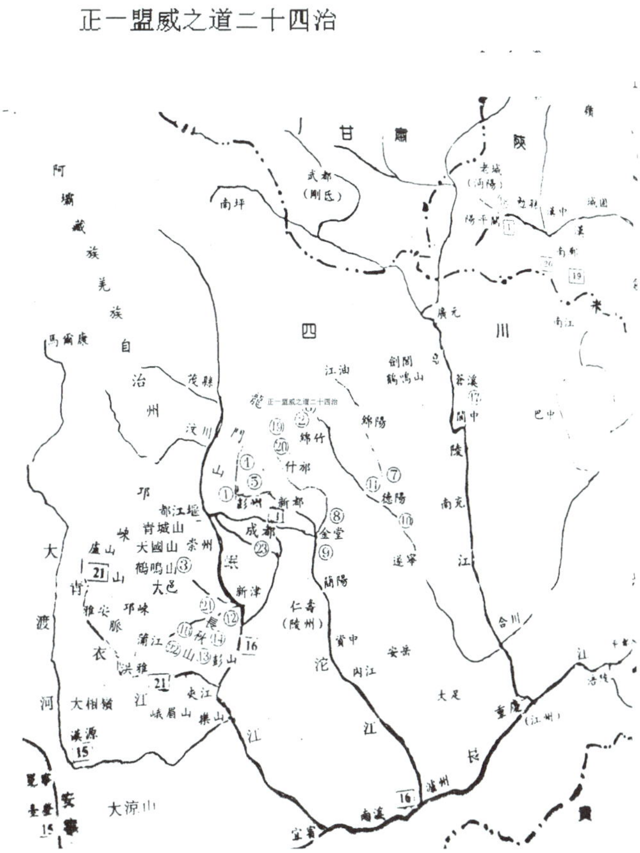

图 13 正一盟威之道二十四治分布图

稠稉、北平、本竹、蒙秦、平盖；下八治，即云台山、浕口、后城山、公慕、平冈、主簿山、玉局、北邙山。大致在今川西和川北的崇山峻岭边缘一带。这些地区既是军事据点，又是人口聚居处，因此也成为张陵传道奉祀的重点。《陆先生道门科略》曾经说道：“天师立治置职，犹阳官郡县城府，治理民物。奉道者，皆编户著籍，各有所属。令以正月七日、七月七日、十月五日，一年三会。民各投集本治，师当改治录籍，落死上生，隐实口数，正定名簿。三宣五令，令民知法。其日，天官地神，咸会师治，对校文书。师民皆当清静肃然，不得饮酒食肉，喧哗言笑。会竟，民还家，当以闻科禁威仪，教敕大小，务共奉行。如此道化宣流，家国太平。”由此可见，二十四治具有宗教兼政治、军事的职能。

图 14 阳平治都功印

问：据说，代表正一道早期思想的道书是《老子想尔注》，其主要内容是什么？

答：《老子想尔注》，亦称《老君道德经想尔训》。这是一部亡佚很久的道教经籍，直到 20 世纪 30 年代敦煌文书被发现以后，才在其中发现了《老子想尔注》的残卷。“想尔”，古注认为是仙人名。据今人考证,《老子想尔注》可能是张陵所作,或说是第三代天师张鲁所作。不过,《老子想尔注》代表了正一道的早期思想则是无疑的。《老子想尔注》自称是"真道"和"真义",不从事"邪伪技巧",而将"五经"和"众书传记"斥为半邪或邪文。还将"道"解释为"一",因此,"正一"之称就是"正道"的意思,"正一道"就是真正的道教、正确的道教,以此与其他道派相区别。又在注解《道德经》本文"载营魄,抱一能无离"时称:"一散形为气,聚形为太上老君,常治昆仑,或言虚无,或言自然"。这就将"道"和"太上老君"神灵联系在一起,从而为道教奉祀神灵奠定了理论基础,即奉神就是奉道。它还将《道德经》第二十五章的"道大,天大,地大,人亦大"的"人"改为"生",注称"生,道之别体也",突显了正一道重视生命、爱护生命、追求长生、健康延命的宗教主旨。

乾
巽
坎
艮
坤
震
离
兑

第二章

道教教义和经籍

问： 作为中国的传统宗教，道教的基本信仰是什么？

答： 道教以“道”名教，“道”自然是道教的基本信仰。道教信仰的全部内容都从一个“道”字“生发”而来。四川青城山天师洞的三清大殿有一副楹联，上联是“道生一，一生二，二生三，三生万物”；下联是“人法地，地法天，天法道，道法自然”。这副联语来自《老子》（即《道德经》）。上联是从发生学的角度说的，认为“道”是先天地而生的，天地万物都生成于道。当然，其中也包括人类，乃至于我们每一个人。下联是从万物的运动规律说的，人的行为要法地，法天，法道，也就是要法“自然”的规律。（图 15）人只有“法自然”才能够生存和发展，否则就会受到“道”的惩罚。所以，“道”是宇宙万物的制造者、主宰者。“道”无所不在，无所不能，至高无上。“道”具有绝对的权威性、全能性、永生性、遍在性，对于人来说，更具有神秘性。其中，神秘性体现在道教神灵中。东汉明帝、章帝时期益州太守王阜的《老子圣母碑》说：“老子者，道也。乃生于无形之先，起于太初之前，行于太素之元，浮游六虚，出入幽冥，观混合之未别，窥浊清之未分。”老子，即“道”，因此，道教徒祭拜老子，称为“太上老

图 15 “德育天地 道法自然”碑（上海钦赐仰殿碑廊）

16 老子骑牛图 明张璐
（台北故宫博物院藏）

君”，并尊为教祖，就是信仰“道”。（图16）祭拜正是表示对“道”的信仰的一种形式。

问：先秦道家也讲“道”，道教所信奉的“道”与道家之说的区别在哪里？

答：“道”在中国古代汉语中最初是“道路”的意思。到了先秦时期，“道”被道家作为一个哲学概念赋予新意。《老子》世称五千言，“道”字竟出现了七十四次。（图17）有人分析《老子》

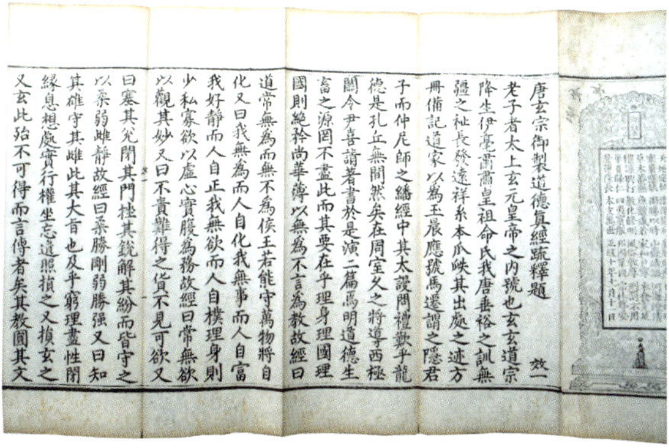

唐玄宗御製道德眞經疏釋題　效一
老子者太上玄元皇帝之内號也玄玄道宗
降生伊亳肅肅皇祖命氏我唐垂裕之訓無
疆之祉長發遠祥系本瓜瓞其出處之迹方
冊備記道家以爲玉晨應號焉邃謂之隱君
子而仲尼師之繙經中其太設問禮歎乎龍
德是孔丘無間然矣在周室久之將遵西極
關令尹喜請著書於是演二篇焉明道德生
畜之源罔不盡此而其要在乎理身理國理
國則絶矜尚華薄以無爲不言爲教故經曰
道常無爲而無不爲侯王若能守萬物將自
化又曰我無爲而人自化我無事而人自富
我好靜而人自正我無欲而人自樸理身則
少私寡欲以虛心實腹爲務故經曰常無欲
以觀其妙又曰不貴難得之貨不見可欲又
曰塞其兌閉其門挫其銳解其紛而皆守之
以柔弱雌靜故經曰柔勝剛弱勝強又曰知
其雄守其雌此其大旨也及乎窮理盡性閑
緣息想處實行權坐忘遺照損之又損玄之
又玄此殆不可得而言傳者矣其教圓其文

图17《唐玄宗御制道德真经疏释题》书影

中的“道”，认为它具有五种含义：“混沌未分的原始状态”“自然界的运动”“最原始的材料”“肉眼看不见，感官不能直接感知”“事物规律”等。这样的分析不能说不对，但是，显然是有局限的。这个局限就是全部分析都是从现实世界出发，从人类已经认知的事物出发的。事实上，人们面对的世界有两个部分，一部分是已经认知的世界，另一部分是还没有被认知的世界。在已经认知的世界中，人们习惯地将其区分为物质和精神两类。上述分析都是说的物质和精神两个方面。至于那个还没有被认知的世界，则包括我们借助工具可以看见的但尚未认知的世界，以及目前还无法看到和尚未认知的世界，不论是宏观的还是微观的世界，不论是已知的还是未知的世界，“道”都应该包括。从这个意义上说，“道”的五种含义就显得狭隘而尚未穷尽了。道教信奉的“道”的含义，包含着一切已经认知的世界以及一切尚未被认知的世界，包含一切我们已经理解的以及尚未被我们知晓的状态、运动和规律。“道”涵盖了人类赖以生存的自然界、人类自己组织的社会，以及尚未被人类认知的任何界别、任何领域。而所有这些被认知的和尚未被认知的领域都“生发”于“道”，并受“道”支配，依凭“道”而运动、发展和变化。

问： 有人说“道”就是“变化”，道教的看法如何？

答： 宇宙万有不是静止的，始终处在发生、发展、变化的运动中。道教认为，这是“道”使之然。所以把“道”等同于“变化”也说得过去，只是比较牵强，不够完整。《道德经》（图

18）第三十七章谓："道常无为而无不为。侯王若能守之，万物将自化。"这里的意思是，道是"无为而无不为"地"化"着的。不过，道的"化"不是勉强的作为，而是顺其自然的作为。人们如果能够按照"道"行事，变化就可能加速。而人们不顺"道化"行事，就会破坏变化并自食恶果。正因为道是运动变化的，所以世界已经并且还将发生变化，这些变化有时让人眼花缭乱。道教以积极的姿态迎接这些变化。也正是在社会变化之中，道教自身也发生着令人瞩目的变化。人们不能以古代的一切来要求今天变化的世界，同样，也不能以历史上的道教和道教徒来看待和要求今天的道教和道教徒。

图 18 老子《道德经》插图（明天顺年间〔1457—1464〕刊本）

问：古往今来，道家、学者对“道”的论述很多，对此您怎么看？

答：诚如所说，社会上有许多关于“道”的论述。这些论述有的能给人以启迪，有的却会给人以误导。说它们有“启迪”，就是因为它们的诠释可以帮助我们认识“道”的基本内涵。说它们有“误导”,就是因为有些作者自以为已经把握了“道”的内涵，穷尽了“道”的全部。其实，太上在写《道德经》时就已经预见到后人会有这个毛病。他在开卷第一章第一句就说：“道可道，非常道；名可名，非常名。”这句话，不管你用什么样的句读，意思只有一个，那就是：一切对于道的解释，都不是“道”的全部内涵。也就是说，对于“道”的解释总是受到时间、地点和条件的限制，都不可能揭示“道”的全部内容。一代又一代的人们，可以逐渐接近对于“道”的全部认识，但是，都不可能穷尽。从这个意义上说，人们对于“道”的理解和认识，应该是无止境的。

问：在《道德经》中，“道”和“德”常连用，它们之间是何关系？

答：在现代汉语里，“道德”是指人们在共同生活中的行为准则和规范。不过，在《道德经》中，“道”和“德”却是两个不同的概念。(图 19)《道德经》中“德”字出现了四十一次，包括“上德”“玄德”“孔德”“积德”等。第五十一章说：“道生之，德畜之，物形之，势成之。是以万物莫不尊道而贵德。

19 河北邢台道德经幢（唐）

道之尊，德之贵，夫莫之命而常自然。”从发生学上说，“道”和“德”两者就是“生长万物”和“畜养万物”的关系。因此，一般认为“德者，道之功也”（韩非语），“德者，道之用也”（陆德明语），“德者，道之见也”（苏辙语）。《庄子》（即《南华真经》）还说道：“形非道不生，生非德不明。存形穷生，立德明道，非王德者邪？”这就是说，道是隐藏在深处不易被人感知的，也是难以接近的。不过，道体现于万物的生息中，通过神灵的启示，又能够被我们感知。这些体现出来的就是“德”。从学道和修道的修持来说，道教徒的行为是“道”的体现。一个有道之士的行为，就是德行。能够学道、修道，修炼自身，追求自己的生命与道合一的，就是德行。能够奉道守戒，保持自己品行端正的，就是德行。能够齐同慈爱，济世度人的，就是德行。相信善恶报应、天道承负，善待众生的，就是德行。反之，如果不按照天道行事，就会对天地、社会和人类造成伤害，就是“无道”“非德”的行为。当然，随着时代的变化，德的具体表现形式会变化，但是，“德”是“道”的体现，是“道”的“用”和“见”，却是不变的。

问：那么，怎样理解“道生一”的“一”？

答：“道生一”（图20）的“一”，同“道”是相当的，就是可以把“一”当作“道”来理解。《道德经》中有十四个“一”

图 20 道字碑（上海钦赐仰殿碑廊）

字，大部分的“一”都作“道”解。例如第三十九章称：“昔之得一者，天得一以清，地得一以宁，神得一以灵，谷得一以盈，万物得一以生，侯王得一以为天下正。”这个“一”，古注就说：“一者，道也。”不过，道生万物有一个过程，所以，“一”也可以解释为从“无”到“有”的开始。那么，“有”的初始状态又是怎样的呢？东汉高诱说：“一者元气也，生二者乾坤也，二生三，三生万物，天地设位，阴阳通流，万物乃生。”这是将“一”理解为天地未分时的混沌元气。“道生一”就是从无到生成混沌的元气的过程。混沌的元气经过清浊的分离，清气上升为天，浊气下降为地，在天地之间又降生出人类以及万物，即所谓“一生二，二生三”。因此，道家认为，高天厚地、人伦物类、大小愚智，都是从“一”而生，即从“气”产生的，而“气”又是从“无”而生，即从“道”产生的。

问： 怎样理解“玄之又玄”？

答： “玄”是形容词。《说文》释“玄”为“幽远也。黑而有赤色者为玄，象幽而入覆之也”。“玄之又玄”出于《道德经》的第一章：“此两者，同出而异名，同谓之玄。玄之又玄，众妙之门。”“玄”的意思就是，天地万物的“有”和“无”都是幽远而变化无穷的。“玄之又玄”当是幽远而又幽远，变化是无穷而又无穷的意思。西汉扬雄在《太玄》中说：“玄也者，天道也，地道也，人道也。”这是以“玄”来形容“道”的深奥莫测。葛洪《抱朴子内篇》首列《畅玄》篇，开宗明义提出：“玄者，自然之始祖，而万殊之大宗也。”他将“玄”解释为天地万物的总根源、总动力，又是超乎万物之上的东西，因此，“玄”就等同于“道”了。唐初道士成玄英将“玄之又玄”衍化出“重玄之道”，称：“有欲之人，唯滞于有；无欲之士，又滞于无。故说一玄，以遣双执。又恐行者滞于此玄。今说又玄，更祛后病，既而非但不滞于滞，亦乃不滞于不滞。此则遣之又遣，故曰玄之又玄。”意思就是，因为“玄”既是“有”又是“无”，很容易被人所执滞。所以，他超然于“有无”，称为“双遣”。超然物外，忘掉违顺、毁誉、荣辱、高下、去来、物我、亲疏、利害、贵贱、祸福、寿夭等一切真实的存在，“外无可欲之境，内无能欲之心”。于是，“玄之又玄”就能达到彻底的无欲境界。

问： 道教强调“无为”，是否可以理解为凡事不要作为，即所谓“顺其自然”？

答： 道教强调“无为”，不是给人以借口而不作为，什么也不要干，这样来理解“无为”是不正确的。《道德经》中有十二处说到“无为”，其第三章称“为无为，则无不治”。杜光庭注：“无为之理，其大矣哉。无为者，非谓引而不来，推而不去，迫而不应，感而不动，坚滞而不流，卷握而不散也。谓其私志不入公道，嗜欲不枉正术，循理而举事，因资而立功，事成而身不伐，功立而名不有。”按照他的说法，道家的“无为”，并不是什么也不干，而是做事不夹杂私心，有欲望而不走邪道，遵循规律办事，依靠能力而成事，成事而自身不受伤害，立功也不沽名钓誉。万事要“顺天之时，随地之性，因人之心”，而不要违反“天时、地性、人心”，这样的顺其自然与什么也不作为的“顺其自然”有着本质的区别。汉初文帝、景帝和唐太宗，以“无为”治国，让受战乱之苦的民众休养生息、恢复经济、稳定社会，史称“文景之治”和“贞观之治”，造就了汉唐盛世。《玄教大公案》批评将“无为”视作“土木偶人，推之不去，呼之不来，逼之不动，块然一物”的说法，赞颂“无为”是“贵乎一点灵明，圆混混，活泼泼，无心无而为，时止时行，以辅万物之自然”，从这个意义上说，“无为”是积极的，是“无不为”的，即按照天地万物自己的规律来办事的意思。

问：道教常把“清静”和“无为”并提，为什么说“清静”就能使“天下正”？

答：《道德经》第四十五章曰：“静胜躁，寒胜热。清静为天下正。”这段话阐明了清静的作用。因为静能够克服躁动，由静而寒凉，能够制服燥热，清静便可以使天地万物都按照自身规律去运转。第三十七章还说道：“不欲以静，天下将自正。”意思是清静的关键是“不欲”，没有贪欲，清静无为，那么天地万物自然不受干扰。《庄子·天地》说：“古之畜天下者，无欲而天下足，无为而万物化，渊静而百姓定。”认为古代善于治理天下的人，没有贪欲而天下自足，任其自然而万物自化，心如深池之水那样平静，百姓也就自然安定。《老子想尔注》谓：“道常无欲，乐清静，故令天地常正。”清静是“道”的表征，因此，道教视是否“清静”为衡量天地万物是否按“道”行事的标准。道士学道和修道也将“清静”作为修炼的重要内容。《清静经》谓：“人能常清静，天地悉皆归。”（图 21）

图 21 太上说清静经图

问：在道教宫观中常见“八卦”图像，八卦和道教有什么关系？

答：八卦，又称“经卦”，是《易经》中的八种基本图形。（图22）卦形由阳爻“—”和阴爻“--”组成。在道教宫观中，人们在殿堂布置、科仪坛场，以及道士的法衣和法器上都会看到八卦的图像。《易经》原是一本占卜用的经书，它由八个经卦（乾、坤、坎、离、震、巽、艮、兑）推演出六十四卦。以图形中阴阳爻的数量多少、位置变化来推测天地和人间万物的变化，认为这些变化都是“道”变化无穷的体现《淮南子·要略》曰：“今《易》之乾坤足以穷道通意也，八卦可以识吉凶、知祸福矣，然而伏羲为之六十四变，周室增以六爻，所以原测淑清之道，而捃逐万物之祖也。”认为人们可以通过八卦的卦象变化来“穷道通意”。在道教的内丹炼养论著中，八卦得到了广泛的使用。被称为道教“丹经之王”的《周易参同契》就是一本将周易、黄老和炼养术结合起来，以象数之学阐述内养外炼的著作。八卦代表了道教徒崇尚大道，顺应万物变化的追求。

图22 八卦图

问： 道观中还常见太极图，什么是“太极”？

答： “太极”一词最早见于《易传·系辞上》：“易有太极，是生两仪，两仪生四象，四象生八卦。”这里的太极，是指天地未分时的混沌状态。两仪指的是天地，四象是四季，而八卦指由八个经卦演化而成的方位、颜色等现象。太极图，在考古学中也被称为“双鱼图”，从图形上看，全图是一个圆，圆中有两条颠倒的线描鱼图，鱼图中的两点犹如鱼的眼睛。（图23）

图23 太极双鱼图

《道德经》中没有“太极”而只有“无极”的概念。第二十八章有“常德不忒，复归于无极”句，无极，相当于道。《南华真经·大宗师》中有“太极”一词，“在太极之先而不为高，在六极之下而不为深，先天地生而不为久，长于上古而不为老”。太极和六极对举，“太极”应当作六极之外的空间解，故称“先而不为高”。南北朝时期的道教文献，特别是上清派的文献中，“太极”一词多次出现。齐梁道士陶弘景在《真诰·甄命授》中称：“道者混然是生元气，元气成然后有太极，太极则天地之父母，道之奥也。”认为道生元气，元气成然后有太极，由太极生天地。另外，也有指太极为天上仙界的，太极就是神灵名称的用法。还有将“太极”作为道术名称的。唐末五代时，杜光庭以“太极”解释“道”，从发生学上，将易理和《道德经》联系在一起。金元时期，道教经籍中以“太极”代替“道”，广泛用于解释天地、阴阳、社会、人身、金丹等。太极图就成为“道”的象征图形，其圆即为道，双鱼一黑一白即为阴阳，黑鱼中白色鱼眼表示阴中有阳，白鱼中黑色鱼眼表示阳中有阴。

问：　道教和佛教都有“三宝”，道教有何解释？

答：所谓“三宝”，就是三件珍贵宝藏的意思。道教的“三宝”在不同场合有不同的含义。科仪经文中常提到“三宝”，例如“发愿已竟，皈命三宝”等。这里的“三宝”指的是道、经、师。（图24）道宝，就是“道”的化身三清尊神。三清尊神是万物之祖。经宝，就是道教三洞四辅各种真经。道经是度世的桥梁。师宝，就是十方得道圣众，即学道人的师长。师长能够开启学道人的眼目。因此，学道、修道的人一定要敬奉三宝。《道德经》中，三宝指的是慈、俭和不敢为天下先。《道德经》第六十七章：“我有三宝，持而保之。一曰慈，二曰俭，三曰不敢为天下先。”在内丹修炼中，三宝指的是精、气、神，也有指上、中、下三丹田或者耳、目、口为三宝的。

图24 道经师宝印

问： 上面提到了“经宝”，请问道教有多少经典？

答： 道教的基本经典只有一部，那就是《道德经》(《老子》)(图25)。从《道德经》的思想和道教的教义理论出发，历代出现了许多道教的论著，被视为经籍。这些经籍被收录在道教经籍的总集，即《道藏》之中。因此，《道藏》就是一部把道教的各种经籍搜罗编排在一起的大丛书。现存明代编纂的《道藏》收有各种经籍约一千五百种，五千四百八十五卷。加上各种未曾被收入《道藏》的以及后出的道教经籍，道教经典的数量大约有三千种。由于道教内容广泛而复杂，因此，《道藏》中除了保存道教经籍以外，还收录了道家的著述，以及医学、药物学、化学、天文学、地理学等有关著作，为保存中国古代优秀文化遗产作出了贡献。

图25 终南山古楼观说经台老子像

问：《道藏》的编纂是从明代开始的吗？

答：道教编纂《道藏》早在明代以前。《抱朴子内篇·遐览》就有当时道教经书的名录。南朝陆修静《三洞经书目录》记载了经他考辨的经籍总数为一千二百二十八卷。《隋书·经籍志》记载经戒、服食、房中、符箓等经书和符图等共三百七十七部，一千二百十六卷。不过，把道教经籍汇集为“藏”，当始自唐代。开元年间（713—741），唐玄宗令搜集道教经籍，亲自披阅，编成《三洞琼纲》。天宝七载（748 年）诏令传写，以广传布，名《开元道藏》。其后，宋真宗时有《宝文统录》，又命张君房为著作佐郎，校修道教经籍，编成《大宋天宫宝藏》。宋徽宗时增订《大宋天宫宝藏》，由福州刻板印制，名为《政和万寿道藏》。金元时期，又有《大金玄都道藏》和《元玄都宝藏》。明正统十年（1495 年）刊印的《正统道藏》和万历三十五年（1607 年）编成的《万历续道藏》，统称为明《道藏》。明《道藏》是经夹本，按“三洞四辅”分类，分装四百八十函，颁赐各地著名道观。（图 26）明《道藏》的经版在清末遭八国联军入侵焚毁。现存《道藏》即明《道藏》。

图 26 北京白云观所存明《道藏》

问：“三洞四辅”是什么意思？

答：三洞四辅是《道藏》收书的分类标准。三洞即洞真、洞玄、洞神等三部。四辅即太清部、太平部、太玄部、正一部。（图27）三洞用来区分不同的传授渊源。洞真部是元始天尊所说的经籍，属于大乘，如《上清经》等经籍。洞玄部是太上道君所说的经籍，属于中乘，如《灵宝经》等经籍。洞神部是太上老君所说的经籍，属于小乘，如《三皇经》等经籍。四辅是对三洞的补充。太玄部补充洞真部，太平部补充洞玄部，太清部补充洞神部，正一部则是对三洞和太清、太平、太玄的补充。由于传承时日久远，某些经籍的传授渊源已经模糊不清，所以，现存《道藏》中，有些经籍的分类已经出现混乱。

图27 上海涵芬楼《道藏》影印本

问：道教的经典是怎样产生的？

答：按照《度人经》经文所说，道教的符箓和经文都是大道将化的时候，妙凝结于中天，形成方一丈之广的符文，“垂八角之芒，粲粲煌煌，光华晔晔”。真人仿像夺真，“疏成诸天隐书，编作五方灵范”。因此，道教的经典里面多是神灵的训导。经典里常有“太上曰”“天尊曰”等字样。这些经典，有的来自神灵的降授，例如张陵在鹤鸣山、寇谦之在嵩山都有神灵降授给他们经典，让他们用此经典教化世人。还有一些经典是历代高道根据修道的心得及当时信徒的需要编撰行世的。当然，这些编撰的经典大多并不具名，加上经过漫长的传承，以致后人难以辨别出自何人之手。明清时期，还有些经典出于扶乩，道门中人根据乩文编写而成。不管道经怎样产生，它们得以传世久远都是因为符合道教的教义思想，又为道教信徒所需要。（图 28）

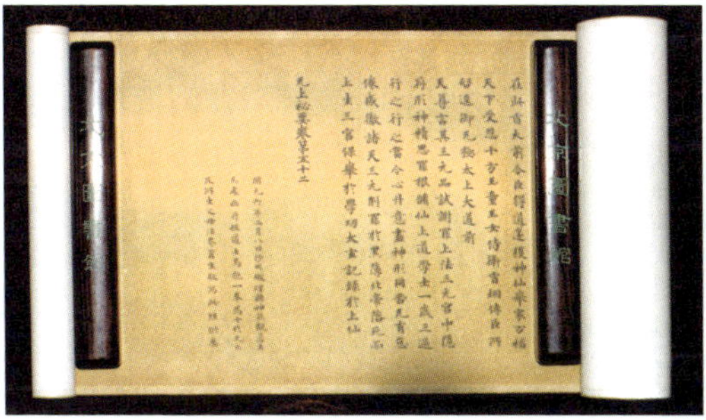

图 28 唐代道经《无上秘要》

问：《道德经》是一本什么样的经书？

答：《道德经》，即《老子》，又称《老子五千言》《老子五千文》。原是道家著作。作者老子是春秋时期周守藏室的史官。相传老子出函谷关时，应守关吏尹喜之请而述。（图 29）《道德经》的内容十分深厚而丰富，包括宇宙观、社会政治思想、人生处世和修养的原则等。道教创立时，就以《道德经》为基本经典，并以其内容作为立教的思想基础。张陵或张鲁注解《道德经》，即《老君道德经想尔训》。正一道规定，任祭酒之职者，必须通《老子》，并能带领道徒学习。太平道的《太平经》继承《道德经》的思想，并以其为基础，糅入阴阳五行和神仙家思想。据唐末五代杜光庭《道德真经广圣义》记载，唐及唐代以前有《道德经》注本约六十家，其中大多数是道士的注本。宋代续有《道德经》注本约二十种。明清时期仍有注本问世。历代《道德经》注本今存于世的约有九十种，而收入《道藏》的就有五十余种。这一事实明确地体现了道教继承《道德经》，并作为道家继承者的历史地位。道家和《道德经》，正是因为有了作为社会实体的道教的支撑，才得以具备中华传统文化支柱之一的力量和影响。

图 29 关尹请老子著述图

问：“四子真经”指的是哪几部经书？

答：是指继《道德经》后的四部道家著作。唐代天宝元年（742年），玄宗敕封庄子为南华真人（图30），其书《庄子》封为《南华真经》；敕封文子为通玄真人，其书《文子》封为《通玄真经》；敕封列子为冲虚真人，其书《列子》为《冲虚真经》；敕封庚桑子（即亢仓子）为洞灵真人，其书《庚桑子》为《洞灵真经》。四子均被列为道教神仙，其书亦被收入《道藏》。

图30 庄子

问：“齐同慈爱，异骨成亲。国安民丰，欣乐太平”这几句话出自哪一部道经？

答：这四句话从字面上就可以知道是对于理想社会、理想的人际关系的描写。对所有人都慈爱，没有血缘关系的人们相互爱护，就像是亲人一样。国家安定，人民丰裕，生活欢乐。这样一幅太平世界的画面正是世世代代中国人梦寐以求的理想社会。经文出自《度人经》。《度人经》，全称《太上洞玄灵宝无量度人上品妙经》，即《灵宝无量度人上品妙经》。相传大约问世于西汉年间。其内容是元始天尊在始青天中向十方圣真、无鞅数众演说灵宝度人经教（图 31）。其要旨就是“仙道贵生，无量度人”，要求道教徒“斋戒诵经，功德甚重，上消天灾，保镇帝王，下禳毒害，以度兆民”。《度人经》曾在历史上作为道门考试的主要经典，明《道藏》将其列为全藏首部经典。

图 31《度人经》授经插图

问：《云笈七签》为什么被称为“小道藏”？

答：《云笈七签》（图 32）是北宋张君房编纂的一部道教大型类书，共一百二十二卷。“云笈”是道教对书箱的称呼，“七签”即“三洞”和“四辅”的合称。书名概括了道教书箱中的各类典籍，因此，俗称“小道藏”或“道藏缩编本”。共五十二类：道德部、混元混洞开辟劫运部、道教本始部、道教经法传授部、经教相承部、三洞经教部、天地部、日月星辰部、十洲三岛、洞天福地、二十八治、禀生受命、杂修摄、斋戒、说戒、七签杂法、存思、秘要诀法、杂要图诀法、杂秘要诀法、魂神、诸家气法、金丹诀、金丹、金丹部、内丹诀法、内丹、方药、符图、庚申部、尸解、诸真要略、仙籍旨诀、诸真语论、七部语要、七部名数要记、仙籍语论要记、仙籍理论要记、赞颂歌、歌诗、诗赞辞、赞诗词、纪传、传录、列仙传、神仙传、洞仙传、神仙感遇传、道教灵验记等。张君房是景德年间（1004—1007）进士，曾任尚书度支员外郎、集贤校理，后谪官宁海。经王钦若等举荐，大中祥符年间（1008—1016）被任命为著作佐郎，专事《道藏》修校。在修校中，张君房得以观览全部秘阁道书，调集苏州、越州和台州等地旧《道藏》经本，详加核校。他按照三洞四辅十二部分类，编排成《大宋天宫宝藏》，共四千五百六十五卷，

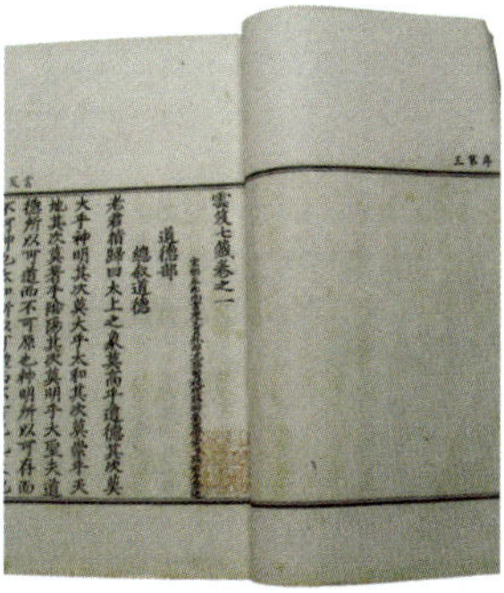
图 32《云笈七签》书影

并抄写七部。张君房在阅览道经时，录其精要达万余条，分类编成《云笈七签》。由于张君房收录的只是道教经籍原文，字数近九十万字，保存了不少已经亡佚的经书片段，保留着《大宋天宫宝藏》的原型，因此，《云笈七签》在道教研究和古文献研究中具有不可替代的地位和重要价值。

问：《道藏》以外，还有哪些重要道教经籍？

答：现存《道藏》编纂于明代，距今已有五六百年。此后有彭定求《道藏辑要》（图 33）、闵一得《道藏续编》、丁福保《道藏精华录》等等问世。这些后出道教丛书，都收录了一些明《正统道藏》和《万历续道藏》中未收的道教经籍。1994 年巴蜀书社出版《藏外道书》，其中收录明《道藏》未收道教经籍约千种。《藏外道书》分古逸道书类、经典类、教义教理类、摄养类、戒律善书类、仪范类、传记神仙类、宫观地志类、文艺类、目录类以及其他类。其中包括有元《道藏》残本《太清风露经》、明陆西星《方壶外史》、明周思德《上清灵宝济度大成金书》、清闵一得《古书隐楼藏书》、清刘一明《道书十二种》，清代全真派科仪总集《广成仪制》以及《阁皂山志》《玄妙观志》，抄本《玉笈金箱》《道家诗纪》等，这些都是《道藏》以外的重要道教经籍。至于《藏外道书》未收的新发现道家著作以及道教科仪经书，近年还在陆续刊印问世。因此，估计明《道藏》未收的道教经籍还有一千五百种左右。

图 33 青羊宫《道藏辑要》经版

图 34　玉皇大帝
（北京白云观）

第三章

道教神仙

问：　道教供奉的神灵，为什么有的称“神”，有的称“仙”？

答：　道教供奉的神灵都是“道”的化身。道教神灵一般分为两类，一类是“神”，另一类是“仙”。“神”是先天地而生的，例如三清（玉清元始天尊、上清灵宝天尊、太清道德天尊）、斗姥、玉皇大帝（图 34）、太一救苦天尊（图 35）等等。他们都是“道”的化身，由炁聚形而成。《老子想尔注》说：“一者，道也”，“一散形为气，聚形为太上老君，常治昆仑，或言虚无，或言自然，或言无名，皆同一耳”。神也有因为各种原因而降世为人的，但当天年已尽、蝉蜕人形后则又回返天庭。“仙”或称“仙人”，那是天地开辟以后，肉身的人经过修真学道而成的，例如张天师、许真君、萨祖师、吕纯阳、关帝和陈抟老祖等。东汉的《说文解字》有“僊”，“僊”就是“仙”，释文说：“长生，僊去。”就是因修道而获得永生，成为仙人的意思。

图 35　太一救苦天尊（现代泥塑）

问： 道教是多神教，那么道教有多少神灵？

答： 道教信奉多神。道教的神灵，据明代周思德的《上清灵宝济度大成金书》记载，罗天大醮供奉的神灵共有三千六百位。不过，众多的神灵各有职能，并且按层次构成一个整体。居于最高位的是三清和玉皇。其次则是各类神灵。有主宰自然现象的神灵，例如天上的星宿神、风云雷电神，地上的山川土地神等；有主管人的生死命运的神灵，例如南斗、北斗的神灵，六十甲子太岁神等；还有主管人类社会的神灵，例如城隍神、土地神等。此外还有各地民众信奉的地方神，例如刘猛将、施相公、杨老爷等。

问： 道教所说的神灵居处的天界仙境是怎样的？

答： 道经称天有三十六重。神仙居处的天界仙境位于三十六重天的最高处。关于天界仙境，前贤文献中有不少记述。天界仙境也一直是道教徒追求的理想世界。《桓真人升仙记》中说到天界仙境，“有长年之光景，日月不夜之山川。宝盖层台，四时明媚。金壶盛不死之酒，琉璃藏延寿之丹。桃树花芳，千年一谢，云英珍结，万载圆成”。这样的神仙世界只能用四个字来形容：永恒，美妙。至于历代文艺作品中想象的神仙世界就更加奇妙了。元代无名氏的套曲《端正好》称：“稳乘着三更月底鸾声往，高驭着万里风头鹤背霜。五岳十洲、洞天福地。方丈蓬莱、箫鼓笙簧。动着俺这仙人家的乐音、朝玉阙拜虚皇。”“兀的天门日射黄金榜，紫府烟笼白玉墙。有五凤朱楼、九龙丹陛。玉磬金钟、鼓奏鸡唱。天一和太一，分七政布魁罡。”“静鞭三下如雷响，阶下时直报日光。左有青龙，右分白虎。后委玄冥，朱雀在南方。凤凰池上，依八卦摆班行。”“三十六天贤圣分着君长，二十八宿星辰列着队仗。更有七十二座诸天、二十四位官福。五岳灵祇，四海龙王。天蓬黑煞，持斧钺镇在阶旁。”“旌幢旗帜金仪仗，剑戟冠缨玉佩珰。却更日暖风微，云舒霞散。玉女金童，侍立成双。珠帘半卷，通明殿恍金光。”“九天帝

图36 圣母起居·迎驾（明山西汾阳圣母庙壁画）

敕从中降，云冕齐低玉简长。铭心听，敢窥仰。转诏罢，复两相。有刑罚，有恩赏。承天符，散四方。与仙班，怎比量。戴金冠，衣鹤氅。宴佳宾，饮玉浆。造化论，劫运讲。归来时袖满天香，又把这西王母蟠桃会上访。”（图 36）唱词有声有色地描绘了玉皇大帝上朝时的场面。神仙居处一派庄严、肃穆、隆重、辉煌。

问：三清尊神是不是道教众多神灵的最高神？

答：道教的神灵很多，他们被有序地组成一个系统，各司其职，管理着天上、人间和地狱的一切事务。在这一神灵系统之中，居于最高位置的是三清尊神（图 37），“三清”是玉清、上

图 37 三清像（河南开封天庆观）

清和太清的合称，是“道”的化身，俗称“一气化三清”。《道教宗源》说：“从混洞太无元化生天宝君，从赤混太无元化生灵宝君，从冥寂玄通元化生神宝君。大洞之迹，别出为化，主治在三清境。其三清境者，玉清、上清、太清是也……此三君各为教主，即是三洞之尊神也。”由三清统御诸位天神，因此，三清是神王之宗、飞仙之主，也是宇宙万物的创造者和主宰者。道教宫观多在主殿供奉三清尊神。元始天尊居中，手执圆珠，以圆珠象征大道和宇宙。灵宝天尊通常供奉在元始天尊的左侧，手持太极图或玉如意。道德天尊太上老君手执扇子，随方设教，历劫度人，供奉在右侧。

问：　为什么说太岁神是同人关系最密切的神灵？

答：　一些正规的道观都有元辰殿。元辰殿里供奉的是太岁神。每年新春伊始，殿里常常挤满了前来烧香祈拜的道教徒。

图38 六十甲子（太岁神）壁塑局部（上海白云观）

图 39 拜太岁仪式(上海城隍庙)

太岁指的是人的肉眼看不见的岁星。道教信奉的太岁神就是主管岁星的神灵。由于中国人用干支纪年,每六十年为一个循环,因此,岁星有六十颗,太岁神也有六十位。(图38)太岁神以太岁命名,称甲子太岁、乙丑太岁等等。道教认为,每个人出生于世,时刻都要面对两位太岁神。一位是“本命太岁”,就是出生之年的太岁。例如生于 1971 年的人,其年是农历辛亥年,他(她)的本命太岁就是辛亥太岁叶坚大将军。本命太岁主管此年出生的人的生死寿夭,流年命运,伴随着人度过一生。另一位是“值年太岁”,又称“当年太岁”“游行太岁”,就是当前生存之年的太岁。值年太岁每年都会发生变化,主管当年的运势和流年。道教经籍中说，太岁神主管人的“本生身命之灾”和“流年临犯之厄”。这就是说，人一生的吉凶祸福是由太岁神主管的。而每一年的健康或者疾病，每一年运气的顺当或者不利，也都由太岁神处理，因此，道教徒常说，太岁神是同人的关系最密切的神灵。农历新年正月初八这一天，各地道观通常会举行“拜太岁”活动，以趋吉避凶，吸引了不少信众。（图 39）

问： 道观的山门内为什么都供奉王灵官？

答： 道教宫观山门内，大多有一个供奉灵官的灵官殿。灵官姓王，世称“王灵官”（图 40），塑像通常右手高举金鞭，左手掐诀，身披金甲，脚踩雷火。明《道藏》有《太上元阳上帝无始天尊说火车王灵官真经》，说到王灵官是“南斗离星，火之首夔，火万里，掷千重，火车豁落，飞走乾坤，功莫大焉。玉帝敕召，鞭龙行雨，奉命布泽，孽龙抽筋，缠缚身腰，以此勇猛，赐湘潭立庙，镇方境域，供祭如在。唐朝萨公，忽游庙祠，乃以雷火焚祠，其神奏帝，敕赐金鞭，随公察过一十二年。真人道贯先天，法显龙兴，西河功满，位立登天。神于水中，部领副将，出现河中，投礼师真，改恶从善，随侍护教，对师盟天发誓，立愿忠心”。这段经文包含了一个故事，明代邓志谟《咒枣记》里叙述了其中的缘故。王灵官原名王恶，生于衡州府（治今衡阳市），“素性凶狠，膂力过人”，将百余斤纯铁炼成钢鞭，为民除害，后气绝身亡。当地居民立“广福庙”，尊王恶为广福王，每年四月初三奉祀。但是，王恶日渐贪婪，提出“每年只是吃猪、吃羊、吃鸡、吃鹅，味不见佳，今年祭赛，须把那童男童女我吃”。萨守坚真人自龙虎山上清宫回来，路过广福庙，得知王恶的恶行，就“站在庙门之外，用三台盖头，八卦护身，脚下踹定着贪巨禄，文兼武备，北斗之罡，手里捏着离旨火天尊胜南斗之诀，遂运起五方蛮雷，又剔起天火、地火、雷火、霹雳火及太阳三昧真火”，“把那广福庙烧得一片通红”。王恶不服，跳出庙门，提钢鞭打萨守坚。萨真人“挥起张天师所惠的宝剑，抵着钢鞭”，运起掌心蛮雷，剔动手中烈火，劈头劈脑烧打王恶。王恶于是告到湖广城隍处。城隍奏闻玉帝，允许王恶跟随萨守坚“一十二年，俟其有过，许尔用鞭打死，以复前仇”。十二年中，萨守坚归还客商明珠，远绝女色诱惑，殓老惜幼，驱治疫病，行无瑕疵。十二年后，暮秋天气，王恶执鞭现于萨守坚真人前称：“今相随一十二年，暗中伺察，只候真人有过则报复前仇。今真人功行圆

图 40 王灵官像（明代木雕，北京白云观）

满，当录仙枢，愿乞为部下一将。”萨守坚遂改王恶之名为“王善”，令其为护法大将，镇守宫观山门。

问：道教信奉财神，为什么各地宫观供奉的财神像不同？

答： 道教认为财神掌管着人间的财运。宋代以后，道教宫观开始有财神殿堂的设置。近几十年来，各地道观的财神殿香火特别旺盛。按道教信仰，财神不是一位，并有文武之别。武相的财神，俗称武财神，有两位：一是赵玄坛（图41），即赵公元帅，黑脸、黑须、骑虎、执金鞭。相传是从“皓庭霄度天慧觉昏梵化生，其位在乾，金合水之象”，其面色黑而胡须者，北也。其跨虎者，金象也。赵公元帅是西方的金象，而金在人间是贵金属。中国人视金为财富的象征，因此，赵公元帅被尊为统管财富的财神。二是关羽（图42）。关羽是三国名将，忠义为天下

图41 武财神赵玄坛

图 42 武财神关羽(北京白云观)

图 43 文财神比干(北京白云观)

称颂,道教尊为关圣帝君。商界和海外侨胞多供奉关羽,是因为关羽精于算计,并且买卖守信仗义。

文相的财神,俗称“文财神”,也有两位:一是殷纣王的叔父比干(图 43),着锦服,戴官帽,五绺长须,捧元宝或如意。比干为人忠贞耿直,不满纣王无道,直面死谏,被纣王挖心。据说,比干无心,散尽家财,办事买卖公道无私。二是春秋战国时的范蠡。范蠡原是越王勾践的大臣,在帮助勾践打败吴王夫差以后,轻舟入海,到齐国隐姓埋名,经商理财,致富后又将钱财散给亲朋和穷人。

民间还供奉“五路财神”。五路指东、西、南、北、中等五方。祭拜五路财神信的是处处有神,路路通财。

问：近年来，各地道观农历新年正月初五举行的“接财神”活动吸引了众多信徒，是否积极参与者才能招财进宝？

答：近年来，各地道观农历新年正月初五举行的“接财神”活动（图 44、45），满足了信徒信仰的需要。按照道教教义，因为财神的渊源和个性各不相同，所以各行各业的信众所供奉的财神也各不相同。合伙的商人多供奉关帝，表示合伙而忠义不二，公平相处，共同致富。有些商人为了表示买卖守信，公平交易而供奉比干。有些商人为了表示重义不重财而供奉范蠡。不过，供奉最多的还是赵公元帅，因为他是金钱、财富的象征。

图 44 上海城隍庙接财神活动盛况

图 45 苏州玄妙观财神出巡仪仗

信徒认为如果能感应赵公元帅得到护佑,就会财富盈门。天下的财富取之不尽,用之不竭;财神主管财富却又不热衷于财富。因此,接财神的信徒光是积极参与还不够,还需要虔诚信奉,老实守法,做个好人。商人、企业家在买卖和经营中要守信仗义,买卖公平,不欺诈,不坑人,才能生财有道。

问： 上海有个城隍庙,闻名海内外,请您介绍一下城隍神的来历及有哪些职能。

答: “城隍”一词,“城”指城墙,“隍”指护城的沟渠,即护城河。道教的城隍神由此而得名,职责是保护城市。对城隍神的

图46 上海城隍神霍光(上海城隍庙前殿)

祭拜，始于南北朝。唐五代时期，各地都有了供奉城隍的庙宇。宋代列入朝廷祭礼。明太祖完善了祭祀城隍神的礼制，封京都及天下城隍，定城隍庙"高广视官署厅堂"。明代以后，城隍神除了保护城市外，还具有辅助阳上官府从阴世管理城市、官民以及亡魂的职能。所以，明清两代新官上任前都要到城隍庙拜谒。城隍庙的殿堂布置不同于一般道观，全部仿照过去官署衙门的布局，神龛中设有公案，置有官印、令箭、惊堂木等物件，殿堂两侧还塑有各种皂隶像。（图46、47）上海城隍庙大殿前有石刻门联："做个好人，心正身安魂梦稳；行些善事，天知地鉴鬼神钦。"这副对联旨在教化百姓要行善积德做好人。城隍殿前有对联称："祸福分明，此地难通线索；善恶立判，须知天道无私。"这副对联则表明城隍神的职能是掌管本地阴世之事，而且主管亡魂在阳上未了的善恶报应。

图47 上海城隍神秦裕伯（上海城隍庙后殿）

问： 当代的城隍信仰有什么新意义？

答： 答：近百年来，中国社会发生了深刻而迅速的变化。一些城市的城墙已经拆除，护城河被淹没，民众不再祈祷城隍神保护城市安全，免受战乱之灾。但是，城市数量不断增多，人口不断增加，它以一种前所未有的面貌在扩展、壮大和复杂化。因此，民众祈祷城隍神能够护佑本地百姓，例如：保护城市经济繁荣，百姓安居乐业；保护城市生态环境，人与自然和谐相处；保护市民身体健康，免受疫病灾害之苦；等等。另外，城隍庙大多处在旧城的中心地段，周围多名胜古迹、商业网点以及酒店、旅游、娱乐等设施。它们既是城市发展的见证者，也是展示非物质文化遗产的窗口。因此，当代城隍信仰的健康发展已经成为活跃经济、发展旅游、弘扬中华传统文化的重要组成部分。

问： 闽台地区为什么盛行祭拜妈祖？妈祖信仰是道教信仰还是民间宗教信仰？

答： 闽台地区盛行妈祖信仰。在台湾省嘉义县的北港，有座著名的道教宫观北港朝天宫。宫前的广场上有座高大宏伟的花岗岩妈祖塑像，西向偏北。在大陆福建省莆田湄洲岛上有座著名的妈祖庙，是妈祖的祖庭（图 48），庙前广场上也有座高大宏伟的花岗岩妈祖塑像（图 49），面东偏南。两座塑像一模一样，遥遥相对，象征着闽台两地的妈祖信仰同根同祖，血缘相连。每年农历三月二十三日是妈祖圣诞日，届时，莆田湄洲岛上人山人海，北港朝天宫内也是水泄不通。大陆沿海地区，从东北辽东半岛的鸭绿江口一直到广西、海南，旧时每个城市都有供奉妈祖的庙宇。妈祖是俗称，道教尊称为“天后娘娘”“天妃娘娘”，是沿海地区道教徒供奉的海洋保护神。妈祖，本姓林，名默。父亲林愿，曾任闽王统军兵马使。相传林默出生一个月后方才啼哭，周岁就会合掌作祭拜状，五岁能诵念《慈航经》。少年时偶遇一道人，即拜为师，得“玄微真法”。

图 48 福建莆田湄洲妈祖庙祖庭

图 49 福建莆田湄洲妈祖石像

长大以后能未卜先知，乡民如有病告，都能治愈。誓不嫁人，经常穿朱红衣服云游于岛屿之间，常出海救人，被人称为“龙女”“神女”。二十七岁时，农历九月初九驾小舟出海，由海上升仙。元明清时期，皇帝多次诰封妈祖。元世祖封为“护国明著灵惠协正善庆显济天妃”，明崇祯封为“天仙圣母青灵普化元君”。旧时，闽地人渡海出洋或海上作业，都要事先祭拜妈祖，有的还携带妈祖神像和祖庙香灰同行，以求庇佑。于是，妈祖信仰先后传播到了我国台湾地区（图50）和南洋各国（图51）。现在，台湾地区将从莆田湄洲分灵的称为“湄洲妈”，将从泉州分灵的称为“温陵妈”，将从同安分灵的称为“银同妈”。妈祖神像都是珠冠霞帔，玉佩宝圭，绯衣青绶，龙车凤辇，佩剑持印，左右有千里眼、顺风耳等随从。

妈祖信仰起源于民间宗教，后为道教吸收融合，成为道教

图50 台湾台南开台天后宫圣母像

信仰的一部分。这也是道教多神信仰的特色之一，类似的例子还有黄大仙、刘猛将信仰等。

图 51 马来西亚吉隆坡天后宫天后像

问：道教的八仙几乎家喻户晓，旧时有故事、戏曲、年画等的传播，请您介绍一下，好吗？

答：八仙在历史上有几种说法。道教信奉的八仙，指李铁拐、钟离权、张果老、何仙姑、蓝采和、吕洞宾、韩湘子、曹国舅等八位仙人。道教“八仙”之说大约起于元代，最后定型于明代。（图 52）

李铁拐，名玄，又名“李凝阳”“李孔目”“李洪水”，俗称“铁拐李”。相传为上古隐士，应时而化。神农时期曾为雨师。应太上老君之约，阳神出窍，赴华山仙会。其弟子不见归来，将其肉身火化。元神归来后，寄神于饿殍，于是，变成蓬头虬髯、巨眼袒腹跛足之貌，西王母授以铁拐。李铁拐背着药葫芦，行医治病，浪迹江湖。

钟离权，全真道“北五祖”之一，字云房，陕西咸阳人。避乱终南山，遇王玄甫，得真道。常袒胸露腹，手摇蒲扇，头扎两髻，有诗“坐卧常携酒一壶，不教双眼识皇都。乾坤许大无名姓，疏散人间一丈夫”。唐时出山度化吕洞宾。

张果老，唐代道士，善法术，隐居于恒州（治今山西大同市）中条山，寿数百岁。常手持道情筒，倒骑毛驴，唱道情度化世人。后人有诗称：“举世多少人，无如此老汉。不是倒骑驴，万事回头看。”

图 52 广东西樵山云泉仙馆八仙过海灰塑

何仙姑，原名何秀姑，广东增城人。入山采茶时迷路，遇吕洞宾赐食桃子，自后不饥不渴，洞知人事，往来山顶，其行如飞。

蓝采和，游方道士，一脚着靴，一脚赤足，手持大拍板，行乞闹市，乘醉而歌。夏天穿棉袄，冬天卧冰雪。所唱歌词大多是劝人为善，看破红尘的仙意。后在濠梁酒楼轻举升仙。

吕洞宾，全真道“北五祖”之一，名岩，关西人。多次赴考不中，遂携家隐居于终南山，遇钟离权，讲述生平不得志之事。钟离权煮黄粱粥，吕洞宾榻上入梦。梦中吕洞宾历经兴衰，醒来时黄粱粥尚未煮成，于是感悟，拜钟离权为师。钟离权以生死、财色等十次考验吕洞宾，吕都心无所动。于是钟离权授以金液大丹、灵宝毕法。后又得日月交拜之法、天遁剑法等。他慈悲为怀，游历天下，以济世度人为宗旨，灵迹遍布各地。

韩湘子，本名湘。唐韩愈的侄孙，得钟离权、吕洞宾传授，隐居终南山。韩愈寿诞时，韩湘子登门祝寿，以“逡巡花、顷刻酒”作礼，赠诗“云横秦岭家何在，雪拥蓝关马不前”。后来韩愈被贬为潮州刺史，途中遇雪，进退两难。韩湘子踏雪而来，告以此地就是“蓝关”。

曹国舅，名友，又名景林，宋代曹太后之弟，心地善良，不喜财富，不慕荣华，因不满皇室中人恶行，归隐山岩。得钟离权、吕洞宾还真秘术升仙。

八仙各有神异，各有灵迹，因此，民众称“八仙过海，各显神通”。道观中常有八仙的壁画、塑像，供道教徒祈求福寿双全。

问：相传八仙中吕洞宾的故事最多，请问吕祖崇拜是什么时候开始盛行的？

答：吕祖（图53）是八仙中供养香火最旺的神灵，民间流传有吕洞宾三醉岳阳楼度铁拐李、飞剑斩黄龙等故事。宋代敕封为“妙通真人”，元代晋封为“纯阳演政警化孚佑帝君”，在仙人中被称帝君，地位显赫。究其原因有四：一是吕洞宾有济世度人的愿望，其愿望获得道教徒共鸣；二是其神话故事在民间广泛传播，扩大了他的影响力；三是吕洞宾既有豪侠气概、高尚情操，又富有人情味，其个人魅力对于信徒有强烈的感染力；四是明清时期扶乩盛行，特别是岭南地

图53 吕祖像（明代木雕，北京白云观）

区多请吕祖作为乩仙降临乩坛，据说吕祖在乩坛上曾不断降示，内容有人事预言、为病家开示符方、同信徒唱和，以及传经劝世的格言等。今在粤港地区流传极广的《吕祖无极宝忏》，相传就是因扶乩而传世的。正是这些原因，吕祖崇拜在明清时期越来越盛行。加上粤港地区多有远渡重洋出国谋生的，于是，吕祖崇拜也被带到了南洋、澳大利亚以及北美地区。民众祭拜吕祖，大多祈求家宅平安、子嗣健康、处事顺利等。

问：　黄大仙是怎样的一位神灵？

答：　香港有个著名的道教宫观，就是黄大仙祠。相传在黄大仙祠求签特别灵验，所以前去求签的道教徒和游客很多，每逢春节，香火更旺。（图 54、55）其实，不仅是香港，整个粤广地区都盛行黄大仙崇拜。黄大仙，原名皇初平，浙江丹溪（一说兰溪）人。相传他十五岁上山放羊，遇见赤松子，被引入金华

图 54　黄大仙（现代泥塑）

图 55 香港黄大仙祠香火旺

石室修道，后能够点石成羊。四十年后，其兄长皇初起在金华赤松山找到了他，于是兄弟俩同在山上炼丹。丹成飞升以后，玉帝命皇初平管理南岳衡山，主管世界分野事。皇初平成仙后，因为“皇”和“黄”同音，为了避讳，民间称其为“黄大仙”。南宋淳熙十六年（1189 年）与景定三年（1262 年），皇帝先后敕封皇初平为“养素真人”“养素净正真人”；敕封其兄长为“冲应真人”“冲应净感真人”。清末，黄大仙信仰在岭南地区迅速盛行，其主要原因是《黄大仙灵签》《黄大仙药签》的广泛流行。两种签书都未收入明《道藏》，但民间传说黄大仙签十分灵验。供奉黄大仙的宫观一般都备有求签用的签筒、签简、签诗和药签。求签者进庙，先拜黄大仙，然后手捧签筒，默念祝词，摇出一签，最后掷签以定神意。求得灵签以后，还要解签，求问自己的流年、事业、财运、家宅、姻缘、居住和健康等等。

问：旧时读书人为考取功名，常常要祭拜文昌帝君，为什么？

答：旧时，读书人为考取功名，一般都要祭拜和供奉文昌帝君，以求仕途顺畅。这是因为在道教的神仙谱系里，文昌帝君（图56）是掌管人间读书、科举、谋职的神灵。文昌原是天上六颗星的星神总称，后被道教吸收。其星位置在北斗星的左侧，其中第三星名“贵相”，主管文绪；第四星名“司禄”，主管赏赐功劳、提升爵位；第六星名“司寇”，主管珍宝。因此，祭拜文昌者通常是祈求功名富贵。据道经载，文昌帝君曾经七十三化，化身下凡，济世度人。其居住地在今四川梓潼，所以，文昌帝君又名梓潼帝君。梓潼帝君，名张恶子，又名张亚子，在晋代战死，后被建祠奉祀。从唐代起，历朝帝王都祭祀文昌帝君。明代，奉祀文昌帝君列入国家祭典。每逢农历二月初三日文昌帝君圣诞之日，朝廷还要派遣大臣前往各地文昌庙观公祭。道观里奉祀的文昌帝君，一般都是坐像，着官服，前面还站有两个小童，一是天聋，二是地哑，意思是听不见，说不出，就不会受贿赂，也决不会泄漏考试内容、及第与否和功名官禄的档次，以示公平无私。现在，一些青年在高考前或谋职前也会去道观祭拜文昌帝君，以求吉利。

图 56 文昌帝君（明代铜像）

问：较大的道教宫观一般都设有慈航殿，听说慈航真人和佛教的观音菩萨颇有渊源，请问慈航真人是怎样的一位神明？

答：慈航真人（图 57）亦称“慈航大士”“观音大士”，即佛教的观世音菩萨，因其大慈大悲、普度众生、送子赐福等，深为民众所信仰。不过关于其来历，道教有自己的说法。据明代徐道明编集的《历代神仙通鉴》记载，慈航真人是上古三代时在普陀山落伽岩潮音洞修炼的女冠，得道后，发愿要普度世间男女。曾以丹药和甘露水救济众生，因此被称为大慈大悲、救苦救难、普度众生的慈航真人。隋唐以来，出现了儒释道三教合流的现象，佛教和道教在神灵上相互吸收、相互融合、相互借鉴，这是宗教史上的正常现象。佛教根据隋代和尚智𫖮谓白日见到关羽而建立玉泉

图 57 慈航真人（中）（现代泥塑，上海钦赐仰殿）

寺的传说，也将关羽（道教信奉的关帝）列为伽蓝神。关羽至今仍被当作佛教的护法神而供奉。而一些海外的妈祖庙观，一直由和尚诵经供养道教的天后娘娘，直到今天。

问：**人死以后，为什么说“魂归泰山”？**

答：泰山在山东境内，古称“东岳”，为我国五大名山之首。因为泰山巍峨高耸，历代君王，从秦始皇到清代的乾隆皇帝都曾到泰山举行过封禅大典，对泰山无比崇敬。道教认为泰山是“群山之祖，五岳之宗，天地之神，神灵之府”。泰山神名东岳大帝（图 58）。据道经载，东岳大帝是天帝的孙子，姓玄丘，名目陵，率领五千九百群神，主人生死和人世贵贱，为冥府百鬼之主帅，形象威猛，权势显赫。唐代敕封东岳大帝为“天齐王”，宋代加封为“天齐仁圣帝”，道经称“东

图 58 东岳大帝（明代铜像）

岳大生天齐仁元圣帝”。东岳大帝的神像，穿青色锦袍，戴苍碧之冠，佩通阳太明之印，乘青龙。旧时各地普遍建有东岳庙，常于农历三月二十八日东岳圣诞举行祭祀，以禳灾祈福。因东岳大帝主管亡魂归宿，一般东岳庙都设有七十二司殿，据人的生前善恶行为对亡魂加以审判并处置，故民间有人死后“魂归泰山”之说。

问：东岳庙或东岳殿中有的还供奉炳灵公和碧霞元君，他们是哪路神仙？

答：道教称炳灵公是东岳大帝的第三子。唐以前民间视为恶神。后唐长兴年间(930—933)，明宗犯疾，服用泰山僧人敬献之药，有所好转，就依僧人所请，将泰山三郎封为“威雄将军”。北宋时，诏封为“炳灵公”。后民间也有尊之为火神之祖的。碧霞元君(图59)全称“东岳泰山天仙玉女碧霞元君”，民间俗称“泰山娘娘”。相传为泰山神之女。

图59 碧霞元君（明代铜像）

明代赐号“碧霞元君”。传说她神通广大，能佑助妇女生子，保佑儿童健康。民间还有为农耕、经商、旅行、婚姻、疗病等祈求泰山娘娘的。近代北方地区信仰极盛。泰山顶上有碧霞元君祠，香火旺盛。

问：道教有没有地狱之说？什么是十殿阎王？

答：道教同其他宗教一样，也有地狱之说。其地狱之说继承了中国古代“鬼”的观念。上古三代，中国就有人死变成鬼的说法。东汉时，鬼还区分为善鬼、恶鬼等多种，但是并无鬼的样态和功能的说明。早期道教继承了中国古代的鬼和鬼国、鬼门等观念，有了“鬼”和“土府”的说法。东汉时，道教以泰山神为冥界主神。死入泰山，受拘役之苦，负山运石填筑河梁等的记载，屡见于《太平经》及汉魏六朝之笔记中。南北朝时期，道教有九地三十六土皇

图 60 第一殿阎王秦广大王

图 61 第二殿阎王楚江大王

与酆都北阴大帝的说法。其中尤以酆都说流行最广。九地土皇与泰山神的地位沦降为酆都的属吏，地狱便汇聚到了酆都。道教的地狱，可以区分为酆都地狱、九幽地狱、泉曲十二河源、泰山五岳、四渎及里域灵狱等六种。亡魂生前犯小罪者入里域灵狱，罪孽深重者则入酆都地狱和九幽地狱。九幽地狱，即东方风雷地狱、南方火翳地狱、西方金刚地狱、北方溟冷地狱、东北方镬汤地狱、东南方铜柱地狱、西南方屠割地狱、西北方火车地狱，以及中央冥途九幽地狱。根据道经的记载，酆都地狱在罗酆山，罗酆山在北方癸地，山高两千六百里，周回三万里，其山下有洞天。在山之周回一万五千里,其上其下,并有鬼神宫室。十殿阎王是执掌地狱十殿真君的总称，即第一殿秦广大王太素妙广真君（图 60）、第二殿楚江大王阴德定休真君（图 61）、第三殿宋帝大王洞明普静真君、第四殿五官大王玄德五灵真君、第五殿阎罗大王最胜耀灵真君、第六殿下成大王宝肃昭成真君、第七殿泰山大王筹观明理真君、第八殿都市大王非魔演庆真君、第九殿平等大王无上正度真君、第十殿转轮大王五化威德真君。

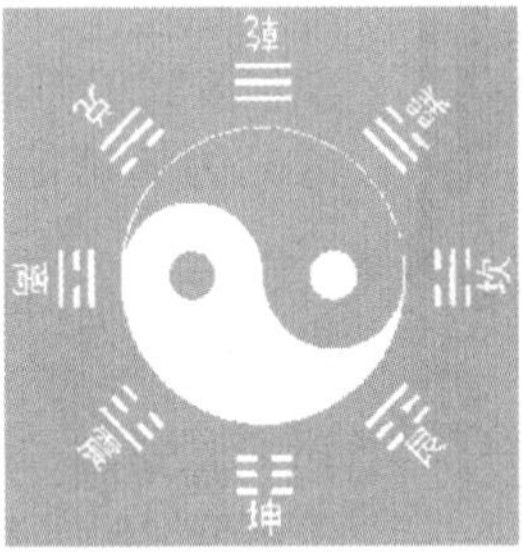
乾
坎
艮
坤

第四章

道教的发展和兴衰

（一）
魏晋南北朝时期的道教

问：　早期道教在东汉末形成，到了魏晋南北朝有什么发展？

答：　东汉末年形成的早期道教一度得到迅速发展，后因黄巾起义、太平道被镇压不久便湮灭无闻。正一道在巴蜀和汉中平原流行，后来其领袖张鲁也被曹操收降。道教发展一度陷入群龙无首的境地。江山代有才人出，东晋时，道士葛洪整理了早期道教文献，著《抱朴子》内外篇，把道教带进了新的历史发展时期。

问：　从您的介绍来看，葛洪是道教史上的一位重要人物？

答：　是的。葛洪（约281—341），东晋道教著名理论家和医学家，江苏丹阳人，出身名门，但因家道中落，自幼贫困。他饱览经史，尤喜神仙道法。他的从祖葛玄，世称葛仙翁，有《太清丹经》《九鼎丹经》和《金液丹经》传给弟子郑隐。葛洪拜郑隐为师，学习炼丹秘术；后又拜鲍靓为师，受《三皇经》。晚年在广东罗浮山修炼，今罗浮山冲虚观旁仍留有丹灶、洗药池等遗迹。（图62）
葛洪有许多著作，其中影响最大的是《抱朴子内篇》，共二十卷，每卷一篇。其《自叙》说："《内篇》言神仙方药、鬼怪变化、养生延年、禳邪却祸之事，属道家。"其中，《畅玄》篇认为"玄"是"自然之始祖""万殊之大宗"。葛洪吸收当时社会流行的玄学，将"道"和"玄"同神仙方术和内修外养等结合起来，而在外行方面又结合儒家伦理观念，主张道本儒末，为道教的神学思想奠定了基础。《论仙》篇论神仙实有，《对俗》篇论成仙并非虚言，反复论证神仙存在和成仙可能。《微旨》《极言》《金丹》等篇论述学道成仙的方法，认为在外养和内修中，外养重于内修。《对俗》《至理》等篇论述了吐纳、导引、胎息和行气内修方法的大要。《遐览》篇著录了早期道教的道书、符图等数百种，十分珍贵。

图 62 葛洪成道处——广东罗浮山冲虚古观

问： 魏晋南北朝时期是否有新的教派出现？

答： 这一时期出现了南北天师道派，给道教带来了新的生机。南北朝时期，道教组织涣散，科仪杂乱，道门规戒松弛。北魏道士寇谦之自称得太上老君授以天师之位，以《云中音诵新科之诫》清整道教，由于得到北魏太武帝的支持，新法宣扬天下，道业大行。经寇谦之改革的北方道教，被称为"北天师道"。在寇谦之之后，南朝宋道士陆修静也对南方的天师道进行了整顿，包括整顿二十四治、健全三会日和宅箓制度，从而加强了道教的组织功能，同时，遍搜道教经籍，辨别真伪，编订《三洞经书目录》，确定道教经书三洞分类方法，整理道教科仪，确立了九斋十二法的科仪系统。由于陆修静得到皇朝重视，南方天师道的改革和整顿取得了显著效果。经过陆修静整顿的南方道教，被称为"南天师道"。

问： 寇谦之所创"北天师道"对道教的发展有哪些贡献？

答： 寇谦之（365—448），北魏上谷昌平（今属北京市）人。十八岁倾心慕道，修张鲁之术未成。后遇成公兴，先后在华山和嵩山修道。（图 63）神瑞二年（415 年），谓太上老君亲授天师之位，又得到太上老君授予的《云中音诵新科之诫》二十卷，以及服气导引等口诀，命他清整道教。《魏书·释老志》记载他"除去三张伪法，租米钱税及男女合气之术"，"专以礼度为首，而加之以服食闭炼"。泰常八年（423 年），寇谦之又得到太上老君玄孙李谱文的亲授，得到《箓图真经》六十余卷，得到劾召鬼神及金丹、云英、八石、玉浆的秘法，以统领"人鬼之政"。寇谦之将新得的道教经书献给北魏世祖，得到重视。魏世祖亲自到道坛受箓。宰相崔浩还拜寇谦之为师。

南北朝时期，北方少数民族凭借武力入主中原。中国北方地区战火频繁，人民流离失所，生活困苦。北朝地区的道教由于传播日久，组织涣散，规戒松弛，难以在稳定社会、济世度人中发挥作用。寇谦之在北魏太武帝的支持下，对天师道教进行改革，整理典籍，制订新的道教科仪，推行授箓制度等，为北方道教的恢复和振兴作出了重大的贡献。改革后的北天师道对中国道教的历史发展影响深远。

图 63　嵩山中岳庙中岳嵩高灵庙之碑（北魏寇谦之书）

问：陆修静所创南天师道对道教的发展有哪些贡献？

答：陆修静（406—477），南朝宋吴兴（今浙江湖州）人。幼年学习儒学，后离家，隐居云梦山修道。喜欢游览，寻访得道高人。曾到过衡山、湘江、九嶷山、罗浮山、巫峡和峨眉山等地。宋文帝曾召见陆修静，太后还对他执门徒之礼。宋明帝也屡次召见。泰始三年（467 年），陆修静到建康（今南京），明帝亲自接见，并在北郊建崇虚观让陆修静居住。陆修静奉敕广收道教经籍，甄别真伪，整理成《三洞经书目录》，记载经戒、方药、符图等一千二百二十八卷，确定了“三洞”的编目方法。陆修静重视科仪的整理，在《洞玄灵宝斋说光烛戒罚灯祝愿仪》中，提出“斋直是求道之本”，在《洞玄灵宝五感文》中，第一次将道教科仪系统化为“九斋十二法”，确立了道教科仪的规模。南北朝时期，南方汉族地区战火频仍，人民困苦。南朝地区的道教由于传播日久，科仪杂乱，规戒松弛，难以在稳定社会、济世度人中发挥作用。陆修静在刘宋皇帝的支持下，改革道教科仪，辨别经籍真伪，为南方道教的复兴和整顿作出了重大贡献。经过整顿的“南天师道”对中国道教的历史发展有着长远而持久的影响。

问：魏晋南北朝时期的道教是否还有其他新宗派？

答：有的。这一时期还陆续出现了一些新的道教宗派，比较著名的是上清派和灵宝派。

问：　上清派是怎样形成的？有什么特点？

答：　上清派是在今江苏茅山地区形成的一个道教宗派。（图64、65）东晋兴宁二年（364年），道教徒杨羲得到魏夫人传授的《上清经》三十一卷以及一些神仙传记和修炼杂录，后将它们传给句容的道教徒许谧和许翙父子。东晋末年，道教徒王灵期又将其改写增广，形成上清经法流行于世，上清派由此形成。经过齐梁时期陶弘景的搜集和编撰，上清经法更加完备。该派供奉元始天王、太上大道君、太微天帝君、后圣金阙帝君、太上老君等神灵，以魏夫人为开派祖师，崇信《大洞真经》《雌一五老宝经》《太上素灵大有妙经》等。修炼方法依据《黄庭经》以存神服气为主，同时注重诵经和科仪功德，不重视房中术。隋唐时期的王远知、潘师正、司马承祯、李含光等高道都是该派代表。由于上清派主要在茅山一带活动，后世又称其为“茅山宗”“茅山派”。元代以后，上清派并入正一派。

图64 上清派发源地茅山远眺

图65 茅山镇山四宝：玉印、玉圭、玉符、哈砚

问：　灵宝派是怎样形成的？有什么特点？

答：　灵宝派是因《灵宝经》传承而得名的道教宗派。《云笈七签》卷三"道教所起"称："今传灵宝经者，则是天真皇人于峨眉山授予轩辕黄帝，又天真皇人授帝喾于牧德之台，夏禹感降于钟山，阖闾窃窥于句曲。其后有葛孝先之类，郑思远之徒，师资相承，蝉联不绝。"葛孝先即葛仙翁葛玄。（图 67）郑思远即郑隐，葛洪的老师。葛洪《抱朴子内篇·辩问》说："《灵宝经》有《正机》《平衡》《飞龟授》凡三篇，皆仙术也。"葛洪从孙葛巢甫整理《灵宝经》，由此创立了灵宝派。灵宝派以元始天尊为最高神，以葛玄为祖师，以劝善度人为基本的教义思想。该派重视斋醮科仪，《敷灵宝斋戒威仪诸经要诀》说："夫学真仙白日飞升之道，皆以斋戒为立德之本矣。"灵宝派的长生成仙修炼方法，主要靠符箓咒术，召神役鬼，消灾除病，以此上通天神，名登仙籍。相传江西阁皂山是灵宝派的宗坛。

图 66 江西葛仙山道观

问：陶弘景为什么被称为“山中宰相”？他在中国道教史上的地位如何？

答：陶弘景（456—536）（图 67）是南朝齐梁时的高道，上清派代表人物，丹阳秣陵（今南京）人。他出身士族，从小好学，读书万卷，通晓五行、阴阳、风角、气候、太一、遁甲、星历、算术、山川、地理、物产、医药等。十岁读《神仙传》，有养生成仙的志向。青年时被齐高帝引为侍读，曾拜左卫殿中将军。三十岁前后，拜东阳道士孙游岳为师，受符图、经法和诰诀等。后辞官隐居茅山。梁天监元年（502 年）武帝即位，陶弘景根据图谶，拟国号为梁进呈，得到采纳。梁武帝请他出山从政，遭到婉拒，于是时常降函咨询，往来频繁，故陶弘景被世人称为“山中宰相”。陶弘景主张儒释道三教合流，将儒释元素吸收进道教。他针对当时道教神仙谱系纷乱，长期缺乏整理的状况，编订《真灵位业图》，促进了道教神学的系统化。另外，他还总结了梁以前养生学和本草学研究的丰硕成果，编撰《养性延命录》二卷和《本草经集注》七卷，收录药物七百三十种，首创了药物分类法；重新整理葛洪的《肘后备急方》，编著《肘后百一方》三卷和《效验方》五卷。陶弘景是继寇谦之、陆修静之后最重要的道教思想家和道教理论家，他对道教乃至中国的医学、药物学、文学和艺术等都有重要贡献。

图 67 陶弘景

（二）
隋唐道教

问： **隋唐时期，特别是唐代是中国道教的鼎盛时期，为什么有如此巨大的发展？**

答： 隋文帝统一全国，结束了南北朝动乱的局面。隋初一度社会稳定，经济恢复并走向繁荣。这时的道教活动也空前活跃。唐初和中期在中国历史上与汉武帝时被并称为“汉唐盛世”，是历史上最辉煌的时期之一。当时疆域辽阔，社会稳定，经济繁荣，八方来朝。通过丝绸之路，景教、摩尼教、伊斯兰教等相继传入，加上原有的佛教、道教，唐代各种宗教空前繁荣，特别是道教更是达到了鼎盛时期。在唐代，道教宫观建造普遍，道门中涌现出一批批高道，如王远知（528—635）、成玄英、孙思邈、潘师正（586—684）、王玄览（626—697）、司马承祯、吴筠、杜光庭（850—933）等，道教的神学思想、科仪规戒、养生理论、经籍文献等都有长足进步。唐代道教之所以蓬勃发展，其外在原因是：唐代皇帝李姓，道教供奉的太上老君（即老子）也姓李，李氏王朝为了巩固自己宗族的合法地位，就将自己说成是太上老君的后裔。而当时，宦官和外戚多崇奉佛教，并且觊觎李家王位，唐皇为了维护自己的地位，有时就不得不利用道教与他们斗争。这样，在政治环境上为道教的发展留下了空间。在朝廷的支持下，各地兴建道观，道教经籍也被纳入科举，唐朝设道举为常科。受益于道举制度，一批有才华的知识分子被吸收进入道士队伍，道教的神学思想得以吸收儒、释的思想成果，从一般的神仙理论转入心性探究和重玄学说；道教科仪也得到规范和精致化处理，经籍也获得了编集和整理的机会；道教的养生理论与医学相结合，旧有的长生成仙术，一部分被淘汰，一部分获得提倡。这些是道教发展的内在原因。正是内外两方面原因的相互作用，唐代道教出现了巨大的发展。（图68）

图68 四川安岳玄妙观第11号龛老君像（唐）

问： 什么是“重玄学说”？

答： “重玄”的“重”是重复的意思。重玄之说来自于《道德经》第一章“玄之又玄，众妙之门”，意思是懂得了“玄之又玄”，就进入了“道”的微妙变化的门户。东晋时期，玄学盛行。葛洪《抱朴子内篇·畅玄》篇就以“玄”来解释“道”。孙登“以重玄为宗”解释《道德经》，开创了重玄学说，形成重玄学派。南朝梁道士孟智周、臧玄静，陈道士诸糅，隋道士刘进喜，唐道士成玄英、李荣、蔡子晃、车玄弼、杜光庭、王玄览等都阐述了重玄之道。唐代是重玄学派的鼎盛时期。重玄之道以《庄子》的“无为”“忘心”为基础，在有无问题上，既遣有无，又遣非有非无，以达到有无双遣，本迹俱忘，遣之又遣，忘而再忘。进入“重玄”境界，才能谈得上“得道”。重玄之道吸取了佛教中观思想，是道教神学思想的精密化。它超越了魏晋玄学，力图使道教神学接近甚至超过佛学思辨的精密程度，并对后世道教内丹术的发展产生过重大影响。对于修道的人来说，重玄之道的意义就在于对得道的认识：“修道”没有止境，“道”永远在发展变化，是没有穷尽的；因此，任何“得道”只是在一定时间、地点的条件下，一定意义上的“得”。“重玄”学说告诉我们“得道”是没有止境的过程，因此不可以也不必执着于“得”或“不得”。修道者要执着于坚持不懈。任何人若自称“得道”，那就是“不得道”的表现。

问：隋唐时期在道教养生理论和实践方面有何成就？代表人物是谁？

答：隋唐时期，在道教养生理论和实践方面的杰出代表是孙思邈。孙思邈（581—682），著名的道教学者和医学家，京兆华原（今陕西铜川市耀州区）人。通老庄百家之学，精医学及阴阳推步。长期居终南山，与名僧道宣友善。他居山著述，为人治病不求名利，后人尊为“药王”。晚年，回故乡耀州药王山。他将道教养生理论与医学相结合，认为人若想长寿，就应该讲究饮食起居，抑情养性，加以导引之术，食补药补。认为只要“良医导之以药石，救之以针剂”，天下没有不可治愈的病。宋徽宗（1100—1125年在位）追封其为“妙应真人”。著有《千金药方》《千金翼方》《摄生论》《福寿论》《保生铭》《存神炼气铭》等。药王山上旧时建有药王庙，每年农历二月初一药王圣诞时举行庙会，交易药材、农副产品，并有传统剧目演出。今已辟为国家级风景名胜旅游区，有药王庙、佛道教石刻碑林、明代神仙壁画、佛道教石窟等文物，以及中草药陈列馆等。（图69）

图69 陕西耀州药王山孙真人像

问：唐代著名道士中，有哪几位值得一提？

答：唐代的著名道士很多，各有各的道行。比较起来，必须提及的是司马承祯和吴筠两位。

问：司马承祯为什么得到唐三代君王的器重，能否介绍一下？

答：司马承祯（647 或 655—735），字子微，法号道隐，自号白云子，河内温县（今属河南）人，是唐代著名高道。他拜上清派潘师正为师，学习符箓、辟谷、导引、服食等法术，隐居于天台山玉霄峰（今浙江天台县境内）。善于书法，篆书、隶书等自成一体，称“金剪刀书”。武则天执政时，曾召司马承祯进京，降手敕赞美他。唐睿宗在位时也曾召他进宫询问阴阳术数和治国之术。唐玄宗在位时，除召见外，还亲自到司马承祯处接受法箓，敕司马承祯在王屋山择地建造阳台观居住修道，还让玉真公主等到阳台观建金箓道场。玄宗还据司马承祯的请求，在五岳各建立“真君祠”一所，奉祀五岳真君。唐代三代君王都非常看重司马承祯，至于朝野公卿同司马承祯有交往和诗歌酬答的更是不计其数。

问：司马承祯对于唐代道教的发展有哪些贡献？

答：司马承祯处在唐代道教神学思想发展变化的时代，他的《天隐子》《坐忘论》《修真秘旨》《修真养气诀》和《服气精义论》等，吸收儒家的正心诚意和佛教的止观学说，建立了以修炼心性为主要内容的修道成仙的思想体系。认为人本来就具有神仙的素质，因此，只要“修我虚气”“遂我自然”就可以长生成仙。他在《坐忘论》中提出了修道的七个阶次和步骤：“信敬”“断缘”“收心”“简事”“真观”“泰定”“得道”。意思是：坚定信仰、断绝杂事、排除欲念、简化事务、看透世俗、心若死灰、形如槁木、得道成仙。他进一步指出，“学道无心，神与道合，谓之得道”，因此修道就是“含光藏晖，以期全备，凝神宝气”。此外，他还著有《天地宫府图》等，列举了十大洞天、三十六小洞天和七十二福地，宣称：“道本虚无，因恍惚而有物；气元冲始，乘运化而分形。精象玄著，列宫阙于清景；幽质潜凝，开洞府于名山。”因此，名山洞府都是道的分形。在其中修道就有断缘收心的修道环境，能够接近天地神仙的精质。

问： 吴筠对于唐代道教的发展有哪些贡献？

答： 吴筠（？—778），字贞节，亦作正节，华州华阴（今属陕西）人。幼习儒学，善于著述。科举落第后，在嵩山拜潘师正为师，学习上清经法。开元年间（713—741），吴筠曾到茅山、天台山参访，与李白等交往，名声渐著。唐玄宗多次召见吴筠，问以道法和神仙修炼之事。后遭高力士谗言中伤，固辞回茅山。

著有《玄纲论》存世，共上中下三篇。上篇《明道德》九章，中篇《辩法教》十五章，下篇《析疑滞》九章。《玄纲论》名为“玄纲”，但通篇只说“道德”，反复强调只有“道”才是修道人追求的最高目标。吴筠的《玄纲论》以及他的《神仙可学论》《形神可固论》从不同的角度重申修道的最高境界就是修炼自己，与道合真。认为“炼凡至于仙，炼仙至于真，炼真合于妙,合妙同乎神,神与道合,即道为我身,所以升玉京，游金阙，能有能无，不终不殁矣”（《玄纲论·以有契无》）。

（三）
五代、宋、金、元时期的道教

问：五代、宋、金、元时期道教发展情况如何？这一时期是否有新的道教派别出现？

答：唐末大乱，形成五代十国分裂割据的局面，宋太祖统一南北，但疆域大为缩小。唐代道教的盛况已经不再。但在五代，特别是宋、金、元时期，道教仍有发展。宋徽宗、宋真宗在位时，道教受到朝廷的极度重视，《大宋天宫宝藏》的编修奠定了后来《道藏》的编纂规模和体制。宋代有神霄派、清微派、净明派、东华派、天心派等道派相继创立；

图 70 刘海蟾像

图 72 白玉蟾像

金代有全真派、真大道教、太一道创立。全真派创始人王重阳的弟子丘处机应成吉思汗（元太祖）召见于西域雪山。太祖问为治之方，丘对以敬天爱民为本；问长生久治之道，则告以清心寡欲为要。太祖深以为然，尊为神仙。丘处机返归燕京（今北京）后，太祖赐以虎符、玺书，命他掌管天下道教，并诏免道院、道士一切赋役，于是广发度牒，建造宫观，一时教门四辟，道侣云集，全真道获得了很大的发展。元代，各道派相互借鉴，吸收融合，至元末，逐渐形成以流传于北方为主的全真道和以流传于南方为主的正一道（即天师道）两大道教派别。五代和宋金元时期，著名道士辈出，如五代后蜀的彭晓（？—954）、谭紫霄（823—873）、刘

图 71 陈抟祖师像（陕西华山玉泉院）

海蟾（图70），五代宋初的陈抟（图71），宋代的王钦若（962—1025）、张伯端（984—1082）、张正随（二十四代天师）、林灵素（1075—1119）、白玉蟾（图72），金代的王重阳，金末元初的丘处机，元代的刘玉、张与材等。

问：　能否简要介绍一下神霄派？

答：　神霄派是北宋末年正一道的支派。道教认为天有“九重”，最高一重天即“神霄”。《灵宝无量度人上品妙经》称：“高上神霄，去地百万。”“内有真土，神力固维。太一元精，世不能知。”因此，“神霄”即指神仙所居的仙境。神霄派以此命名，当是高远尊贵的意思。明代第四十三代天师张宇初《道门十规》称：“神霄自汪、王二师而下。”“汪”即火师汪真君，就是中唐时期得道的汪子华（714—789），他三次科考落第，于是同颜真卿一起跟随白云先生学道，后又随司马承祯修道。曾隐居南岳祝融峰，修道九年而得道。羽化后，道教尊为雷霆火师汪真君。“王”即王文卿，据传宣和年间（1119—1125），他在扬子江边遇见汪真君，得飞神谒帝道法。王文卿（1093—1153），江西南丰人，以雷法济世度人。宋徽宗召见之，授以太素大夫、凝神殿校籍、侍宸等职，拜“金门羽客”。宋徽宗末年，王文卿屡次进言修政练兵，未被接受，乃拂袖南归。神霄派行供奉玉清真王，行神霄雷法，即五雷法。五雷法，道教法术，行法者以内丹修炼为基础，以符箓咒诀为内容和形式，“以我元命之神，召彼虚无之神,以我本身之气,合彼虚无之气,加之步罡诀目，秘咒灵符，斡动化机，若合符契，运雷霆于掌上，包天地于身中，曰旸而旸，曰雨而雨，故感应速如影响”。

问：请简要介绍一下清微派，该派有哪些特点?

答：清微派是北宋末年正一道的支派。“清微”二字来自于清微天玉清元始天尊。据传,其清微道法出自元始天尊,曾衍化出真元、太华、关令和正一等四个派系,十传至昭凝祖元君(即祖舒)，四派合而为一，形成清微派。清微派的流传，因黄舜申而显名于世。黄舜申(1224—？),师事南毕道,得清微雷法,名闻京师，曾被宋理宗和元世祖召见，后归乡里，隐居于紫霞沧洲。该派主张将雷法和内炼相结合，以内炼为主，以符箓为辅。“将吏只在身中，神明不离方寸”，要求高功法师有内炼的功夫，才能召唤将吏神明，如同神明在自己身中，不离方寸一样。

问：净明派也是宋元时期兴起的新道派，请问“净明”二字是什么意思?

答：净明派，全称“净明忠孝道”，是宋元时期在江西南昌兴起的新道派。“净”，指的是不被污染；“明”，指的是不被牵缠。“净明”即《道德经》第十章所说的“涤除玄览”，洗清杂念之意。其创始人，可能是元初道士刘玉。刘玉（1257—1308），字颐真，号玉真子，建昌（今江西奉新）人。刘玉得到许逊的《玉真灵宝坛记》《中黄大道》《八极真诠》《玉真立坛疏》以及“飞仙度人经净明忠孝大法”等，然后正式以“净明”命名自创的道派。净明派奉许逊（239—374）（图73）为祖师，以孝悌为准式，以修炼为方术，以“忠、孝、廉、谨、宽、裕、容、忍”为“垂世八宝”，将儒释道三教思想融为一体。净明派的思想深得元明士大夫阶层的欣赏，刘玉的弟子黄元吉还被元朝敕封为“净明崇德弘道法师”、教门高士。黄元吉编集有《净明忠孝全书》，收有该派传人的传记和净明派的经典。

图73 许逊像（江西南昌西山万寿宫）

问：　东华派好像在道教史上影响不大，它是怎样形成的？

答：　东华派是南宋时期正一道的支派，可能是从灵宝派衍生而来的。创始人宁全真（1101—1182），字道立，法名全真，开封府(今河南开封)人。自幼家贫，寄养于人。相传他有过目不忘的天赋，在抄录道教的经箓秘文时，即刻领悟，心与道契。后拜田灵虚为师，修持不懈，能通真达灵，飞神谒帝，名震京师。宋室南迁以后，宁全真又得到“灵宝玄范四十九品五府玉册符文”，主持朝廷禳祈仪式。南宋孝宗时，因被诬而囚。获释后，晦迹深遁，益勤修炼。追随他学道的人很多，南宋著名道士王契真、林灵真等都是其弟子。东华派以斋醮祭炼见长，其科仪和法术结合在一起，科仪程式中融合了内丹和雷法等成分，与以言辞祈祷为主的科仪不同。元末，东华派逐渐与龙虎山正一道合流。

问：　可否介绍一下天心派?

答：天心派，也是南宋时期正一道的支派，可能衍生自龙虎山。创始人饶洞天，其生卒年不详，江西临川(今抚州市临川区)人。饶原是县衙小官，后在掘地时得到《天心经》，遂拜道士谭紫霄为师，开创天心派。饶洞天广收弟子，据《上清骨髓灵文鬼律》载，他教育弟子要“护气希言，绝利声色，立功为上，谢过次之。救人疾病、灾荒水旱为上功，忠孝和顺仁信为本行”。其天心正法原以符箓为主，南宋路时中和元代雷时中都行天心道法，名著于时。不过后来的天心道法掺杂了一些内丹功夫，强调“使内以合外，外神以符内神，则一瞬之间报应如响矣”。元末，天心派与正一道合流，不再有传承的记载。

问：金代兴起的道教教派中，以“全真道”最为重要，请您简要介绍一下该派的情况。

答：全真道，亦称“全真教”“全真派”，由金代道士王重阳（1112—1170）创立。（图74、75）王重阳，原名中孚，字允卿，咸阳（今陕西西安）人，出身地方大族，早年学儒，并能骑射。金天眷年间（1138—1140），参加武举考试，中甲科，任侠豪爽，疏于家业。相传他在五十八岁时，在甘河镇遇见仙人，得修炼真诀而悟道，开始创教历程。正隆四年（1159年）前后，“辞官解印，黜妻屏子，拂衣尘外”，“落魄不羁，乞食于市，短蓑破瓢，眠冰卧雪”。有官位而不做，有妻儿而不恋，有吃的却

图74 全真派祖庭陕西西安鄠邑区重阳宫

图 75 全真派祖师王重阳（现代泥塑）

宁愿要饭，有穿的却宁愿穿破衣烂衫。王重阳以反乎伦常、反乎寻常思维的行为，引起了社会的关注。后来，他又在南时村，“起封高数尺，圹深丈余，以活死人目之，又号曰行。以方牌挂其上，书曰：王害风灵位。又于庵四隅各植海棠梨一株”。明明是正常人却起个王害风（即王疯子）的名字，明明是个活人却给自己挖个坟墓，竖个灵位，住进了坟墓里面，这也是反乎伦常、反乎寻常思维的行为，自然又得到社会进一步的关注。金大定七年（1167 年），王重阳“自焚其庵，村里惊救之，师方舞跃而歌”。烧了自己的房子，还在大火旁边舞蹈唱歌，这就更让人惊讶了。《七真赞·重阳王真人》赞称“出应道运，豪雄绝伦。甘河得遇，兀若狂人”，就是赞颂他的不同寻常的事迹。正是这样的反常行为，使得王重阳受到社会的重视和信徒的关注，开始了他赴山东的创教事业。王重阳在山东宁海（今牟平）招收马钰、谭处端、刘处玄、丘处机、王处一、郝大通、孙不二等七人为徒，开创了全真道。

问： 长春真人丘处机为什么要西行面谒成吉思汗？

答： 丘处机（1148—1227）（图 76），道号长春，山东栖霞人，王重阳弟子。金代末年，丘处机在山东传教，名声四扬。金朝和南宋朝廷先后诏请丘处机。1219 年成吉思汗也派人持诏书到山东，请丘处机赴西域。当时，丘已七十三岁高龄，以身体条件而言，金朝朝廷离山东最近，因此，接受金朝诏请对丘处机身体而言风险最小。以路途条件而言，南宋朝廷偏寓临安（今浙江杭州），由山东南下有水路，加上南宋是汉人天下，交流无困难。因此，接受南宋诏请也比较方便。但是，他选择接受成吉思汗的诏请，置个人安危于不顾，历时三年,长途跋涉上万里，面见成吉思汗。《长春真人西游记》记载众道友饯行于西郊，有道友哭道：“父师去万里外，何时复获瞻礼？”丘处机感叹：“行止非人所能为也。兼远涉异域，其道合与不合，未可必也。”丘处机明知旅途艰难，也难以预料能否得到成吉思汗的赏识。不过，他当时想到的是“十年兵火万民愁,千万中无一二留。

图 76 丘处机像（北京白云观）

去岁幸逢慈诏下，今春须合冒寒游。不辞岭北三千里，仍念山东二百州。穷急漏诛残喘在，早教身命得消忧”。十年战争，让百姓愁苦无比。战火中得以幸存的不到千万之一二。为了百姓的身家性命，为了二百州百姓的安全，只要还有一口气，他也要消除百姓的担忧。在当时旅行和医疗条件都比较恶劣的情况下，一位古稀老人，在路上奔波“三载”，就是为了向成吉思汗进言“欲一天下者，必在乎不嗜杀人”，以保护民族的生存、解除百姓的苦难。其精神可嘉，行为可颂，成为千古美谈。成吉思汗听了丘处机的话，尊其为“神仙”，命他掌管天下道教。在元王朝支持下，全真派迅速发展，传遍长江以北。

问：长春真人丘处机是如何把握传布全真道的时机的？

答：丘处机在西域面见成吉思汗（图 77）后，得到了后者的信任，使之收敛杀戮之心，为保护民众生命财产、保护中华农耕文化作出了巨大贡献。在从西域回燕京的路上，据《甘水仙源录》记载，丘处机“南归，至盖里泊，夜宣教，语谓众说：今大兵之后，人民涂炭，居无室、行无食者，皆是也。立观度人，时不可失。此修行之先务，人人当铭诸心”。战争之后，百姓没有房子住，没有食物充饥，生活极端贫困，而这正是全真道派发展的良好时机。“立观度人，时不可失”，正是丘处机为大规模弘传全真教派制定的英明决策。为此，众弟子回到燕京后，并未

图 77 丘处机与成吉思汗论道壁塑（北京白云观）

斯守在其周围享受荣华富贵，而是一个个奔赴华北平原，直至关东和长江北岸。正是依靠弟子们的努力，全真教派在长江以北大建宫观，大收弟子，广泛传教，其规模是中国道教史上绝无仅有的。

问：**全真派有“北五祖”和“北七真”之说，请问“北五祖”指的是哪几位？**

答：全真派与正一派相对，是道教的两大派别之一。据《金莲正宗记》称，全真道源远流长，系太上老君传与金母，金母传与白云上真，白云上真传与王玄甫，王玄甫传与钟离权，钟离权传与吕洞宾和刘海蟾，钟离权和吕洞宾传与王重阳。（图 78）

“北五祖”是全真派尊奉的五位祖师，即王玄甫、钟离权、吕洞宾、刘海蟾和王重阳。全真派有北宗和南宗之别，因王重阳属于北宗，故称“北五祖”。王玄甫，据《历世真仙体道通鉴》，汉代东海人，事白云上真为师，号华阳真人。后传神符、秘法、金丹大道与钟离权。相传，王玄甫曾精炼内思洞房术

图 78 全真派传道师祖历代真仙图（《群仙集》）

达三十四年，能够内见五脏，夜能书写，仙去后，被尊为“中岳真人”。全真道奉为北五祖之第一祖。钟离权、吕洞宾、刘海蟾是隋唐五代时期的人。钟离权和吕洞宾都名列八仙。钟离权受学于王玄甫，得长生之道，又在终南山石壁中得《灵宝毕法》，遂悟静坐内视、阴阳和合、内外升降之理。吕洞宾受学于钟离权，得金液大丹之功、延命之术，以及“天遁剑法”和龙虎金丹秘文。刘海蟾曾官至丞相，因钟离权的启示而悟道，弃家云游，专心修炼。

问：“北七真”又是指哪几位？

答：七真，指王重阳的七大弟子，因为王重阳属全真派北宗，弟子活动区域主要在中国北方地区，故名“北七真”。（图 79）包括：（1）马钰（1123—1183），道号丹阳，山东宁海（今牟平）人，创全真遇仙派。世称“丹阳真人”。著有《洞玄金玉集》《神光灿》《渐悟集》等。（2）谭处端（1123—

图 79 七真师祖图（《群仙集》）

1185），道号长真，山东宁海人，创全真南无派。世称“长真真人”。著有《云水集》。（3）刘处玄（1147—1203），道号长生子，山东掖县（今莱州）人，创全真随山派。世称“长生真人”。著有《仙乐集》《至真语录》等。（4）丘处机，道号长春子，山东栖霞人，创全真龙门派。世称“长春真人”。著有《磻溪集》《大丹直指》《摄生消息论》等。（5）王处一（1142—1217），道号玉阳子，山东宁海人，创全真嵛山派。世称“玉阳真人”。著有《云光集》。（6）郝大通（1140—1212），道号广宁子，山东宁海人，创全真华山派。世称“广宁真人”。著有《太古集》。（7）孙不二（1119—1182），女，道号清静散人，山东宁海人，创全真清静派。世称“清净真人”。著有《不二元君法语》。

问： **全真派有“南五祖”之说，指的是哪几位？**

答： 南五祖，是全真派尊奉的在中国南方地区活动的五位祖师。这五位祖师是全真南宗的代表，与全真北宗“北五祖”相对。据传，张紫阳在北宋熙宁二年（1069 年）在成都遇见异人授予《金液还丹诀》而得道。张紫阳将丹诀传于石泰，石传于薛道光，薛传于陈楠，陈传于白玉蟾。经过白玉蟾的提炼总结，南宗修道思想系统完备。南宗主张儒释道三教同源，以内丹修炼为主要修道手段，在神学思想上与北宗一致。(1)张紫阳(987—1082)，名伯端，著有《悟真篇》，以诗词曲形式阐述悟真思想，认为儒释道三教一理，修仙的唯一途径是修炼内丹，以性命双修为内炼大旨。(2)石泰(1022—1158)，号杏林，又号翠玄子，以金丹大道著称。著有《还元篇》。(图80)(3)薛道光(1078—1191)，名式，阆州(今四川阆中)人，一说为陕西鸡足山人。曾出家为僧，后入道，号紫

图80 全真派南宗祖师张紫阳和石泰（现代泥塑）

贤真人，以金丹术著称。著有《悟真篇注》等。(4)陈楠(？—1213)，号翠虚，惠州博罗(今属广东)人，师从薛道光习太一刀圭金丹法诀，后又得景霄大雷琅书，能以雷法驱邪，常以符水为人治病，人称“陈泥丸”。著有《翠虚篇》等。(图81)(5)白玉蟾(1194—1229)，曾改名葛长庚，号海琼子，福建闽清人(一说海南琼州人)，幼举童子科，后侠义杀人，出家为道士，隐居于武夷山，拜陈楠为师。吸收儒释之说，整理南宗内丹学说，通晓大洞法箓、斋醮科仪以及雷法。对宋元以后的道教法术和内修术有较大影响。著有《上清集》《武夷集》《道德宝章》《海琼白真人语录》等。

图81 全真派南宗祖师薛道光和陈楠(现代泥塑)

问：金代兴起的新道派还有真大道教和太一道，请问真大道教提倡什么？

答：真大道教,原名“大道教”,是金代在中国北方出现的新道派。金熙宗皇统年间(1141—1149)由乐陵(今属山东)人刘德仁(1122—1180)创立。元宪宗赐名“真大道”。历任掌教者有十二代。其教义思想以《道德经》为宗旨，提倡“苦节危行”，俭朴慈愍，含垢忍辱，避俗出家，屏弃酒肉。教徒都要出家，自己耕作，自己建舍，不化缘乞食，不崇尚符箓；不奉祀众多鬼神，只是早晚燃香祭拜天地；守气养神，不言飞升成仙之事。该教创立时得到金朝廷的重视，金世宗还召见过刘德仁。主要流传于今河北、河南、山东一带，信众甚多。金哀宗时曾被禁。元代统一中原时，真大道教发展到鼎盛，据虞集《岳祖碑》记载，八祖岳德文掌教时，“西出关陇，至于蜀，东望齐鲁，至于海滨，南极江淮之表”，皆有信徒。元末，真大道教逐渐衰微。

问：什么是太一道？

答：太一道是金代初年在中国北方出现的新道派。由卫州(治今河南卫辉)人萧抱珍(?—1166)创立。相传萧抱珍以仙圣所授秘箓济人，金熙宗皇统八年(1148 年)被诏请。太一道主要流传于中原一带。其掌教人沿袭萧姓，第二祖萧道煦(本姓韩)，第五祖萧居寿(本姓李)，第六祖萧全佑(本姓李），第七祖萧天佑（本姓蔡）。“太一”是该道派奉祀的主神，表示元气浑沦，太极未判，至理纯一的意思。太一道行“太一三元法箓”，为人祈祷福佑，禳祈消灾。因五祖萧居寿受元朝尊崇，该教进入全盛期，七传之后渐衰。

问：**以上所举都是宋、金、元时期新兴的道派，那么这一时期张陵所创的正一道情况如何？**

答：唐代，南北天师道与灵宝、上清等派融合，形成正一道，以张天师为世家，以龙虎山为本山。五代和两宋时期，尽管正一道中出现诸多支派，但张天师世家（图 82）的承袭继续，龙虎山始终是正一道的宗坛。元成宗封三十八代天师张与材（?—1316）为正一教主，主领三山（龙虎山、阁皂山、茅山）符箓。正一道以符箓斋醮、祈福禳灾为主。这是道教中历史最悠久、流布很广的宗派。

图 82 龙虎山天师世家宗谱

问： 元朝时期，佛道两教曾出现多次论争，为什么？其结果如何？

答： 从蒙古宪宗五年（1255 年）到元世祖至元十八年（1281 年），佛道两教曾多次论争。这些论争，都是道教自己引起的。元代《玄都道藏》编撰完成后，当时主管全真道的道士李志常（1193—1256）将《老子化胡经》和《老子八十一化图》（图 83）单独刻印，广泛散发，引起了佛教界的不满，于是后者告到了皇帝那里。宪宗五年于御前辩论《化胡经》的真伪。李志常辞屈。次年于和林城僧人要求再辩，李志常愤恚而卒。此前，全真派在“立观度人”的发展中，曾经占据一些佛教寺庙；此外，全真派一些上层人物在得到恩宠以后，作风奢侈，忘乎所以，早已引起朝野嫉妒和不满。争论的结果以朝廷支持佛教告终。一次是令道教“烧毁伪经经版，退还佛寺 37 处”。一次是令焚毁伪经 45 部，归还佛寺 237 所，17 名道士被勒令削发为僧。最后一次是令焚毁除《道德经》和有关斋醮经书以外的所有道书，特别是有关佛道关系的经书，包括《历代帝王崇道记》《三破论》《十异九迷论》《佛道先后记》等 39 种。论争终结了全真、正一等派发展的鼎盛时期，使元代道教总体处在陷入低谷，处境艰难，并且影响波及明清及以后。

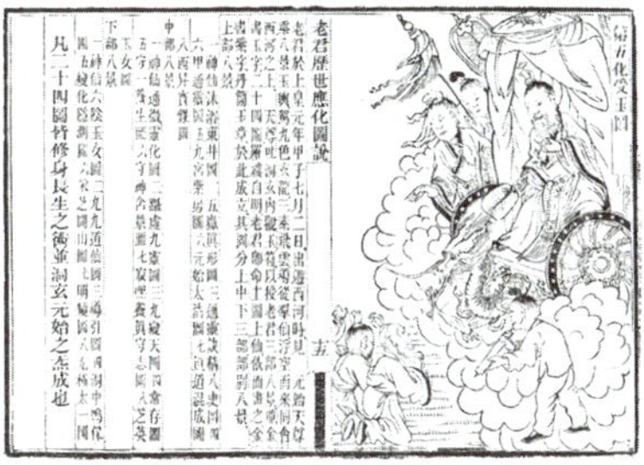

图 83《老君历世应化图说》内页（明嘉靖十一年〔1533 年〕刊）

（四）
明清道教

问：　明清时期的道教情况如何？

答：　明清时期，道教影响逐渐衰微，在儒释道三教影响中渐趋于末位，尽管明清朝廷仍承认其合法地位。明初，正一教主张天师的官职从正一品降为从三品，清从明制。明清时期，道教界也力图振兴道教。明代，第四十三代天师张宇初著《道门十规》，开坛授箓，整顿正一道。清代，北京白云观方丈王常月著《初真戒律》，开坛授戒，被誉为全

图 84 张三丰真人（明代铜像）

真龙门派“中兴之祖”。明正统十年(1445 年)由邵以正督校刊成的《正统道藏》和万历三十五年(1607 年)由张国祥辑印的《万历续道藏》是这一时期留下的最宝贵的文化遗产。这一时期也有一些著名高道,如张三丰(图 84)、陶仲文(约 1475—1560)、陆西星(1520—1606)、伍守阳、白云霁、陈清觉(1606—1705)、娄近垣(1689—1776)、刘一明、闵一得等,他们对明清道教的发展也有所贡献。

问: 张宇初为什么要写《道门十规》?

答: 张宇初(1359—1410),第四十二代天师张正常之子,自幼受儒家教育,聪明而有思想,人称“列仙之儒,异日丕张”。明太祖登基以后,洪武十三年(1380 年),张宇初继天师之位,受命总领天下道教事。经过元末战乱动荡,明代道教“玄纲日坠,道化莫敷,实丧名存,领衰裘委”,张宇初“常怀振迪之思,莫遂激扬之志”。成祖永乐四年(1406 年),皇帝要张宇初整理道教经典,张宇初著《道门十规》,阐述道门十个方面的规戒,即道教源派、道门经箓、坐圜守静、斋法行持、道法传绪、住持领袖、云水参访、立观度人、金谷钱粮、宫观修葺等。他写作《道门十规》,就是企图借用朝廷的力量,整顿道教,严肃规戒,达到振兴道教的愿望,为在组织上健全道教、发展道教创造条件。

问：为什么王常月被称为全真龙门派“中兴之祖”？

答：王重阳七大弟子各创全真支派，而传播最广的是丘处机的龙门派。论原因，要归功于明末清初道士王常月。王常月（1522—1680），号昆阳子，山西长治人。自幼博览经史子集，二十岁时，遍历名山宫观。据传，他曾两次遇见全真龙门派第六代律师赵复阳，于是在天坛王母洞拜师，得授“天仙大戒”，后隐居于华山。明末到北京。兵乱时，白云观道士大多逃亡，王常月毅然留住，后被推举为白云观住持。清世祖封王常月为国师，赐紫衣。王常月著《初真戒律》，后人整理为《龙门心法》，为龙门派制定了传戒制度，区分“初真戒”“中极戒”和“天仙大戒”三等。他奉旨三次在白云观开坛授戒，广收弟子千余人，成为全真龙门派公开授戒的第一人。其后，又在南京、武当山等地开坛授戒，广收弟子。经过他多次开坛，全真龙门派弟子足迹遍及中国各地名山。又经过三百年的传承，从东北到云贵，从东海之滨到西北高原，到处都有全真龙门派，全真龙门派迅速恢复和发展，故王常月有“中兴之祖”之称。（图85）

图85 北京白云观戒台

问：清代高道刘一明的《道书十二种》有哪些主要内容？

答：刘一明（1734—1821），是全真龙门派第十一代传人，号悟元子、素朴散人、被褐散人，山西曲沃人。少年时就潜心修炼，后遇龛谷老人、仙留丈人，遂悟丹道奥秘。后隐居栖云山、兴隆山，设坛传教。他擅长著述，有《道书十二种》传世。其中《易理阐真》《孔易阐真》《参同契直指笺注》等将儒家易学的理论同道教内丹修炼结合起来，完整地阐述了内丹修炼循序而进的功法步骤，以固命修性为目标，实现性命双修，发展了全真龙门派的修炼术。另外，他还运用儒释道三教思想，用极其通俗的语言和形式，教化信众。他的《悟道录》《通关文》《会心内集》《会心外集》等都是清代弘道著作的精品，对于道教思想的继承和弘扬有较大贡献，影响持续至今。

问：清代高道闵一得的金盖山纯阳观在清代道教历史上有何地位？

答：闵一得（1758—1836），原名苕，字补之，一字小艮，号懒云子，浙江吴兴（今湖州）人。出身望族，自幼体弱，故赴天台桐柏山拜师学道，修炼导引等术。后皈依全真龙门派，改名一得。成年后任官职于云南，曾到鸡足山拜谒鸡足道人，得西竺斗法。归家后，绝意仕途，云游天下。拜金盖山沈轻云为师，守轻云十二训，在金盖山闭关修炼，几十年不怠。

金盖山在浙江湖州，因山峰宛如华盖，故名金盖。清代时的湖州经济繁荣，百业兴旺，尤其时丝绸产业，名扬神州。得益于经济的支持，闵一得在嘉庆元年（1796 年）创建了纯阳观，并按全真龙门派教规主持道观：庄严殿堂，注重日常修持，广收弟子，传承法脉。闵一得编有《金盖心灯》，弘扬全真龙门派教义思想，整理龙门法脉。另外，还辑有《古书隐楼藏书》《道藏续编》等。其儒释道合流的思想，对于清代末期的全真道思想具有较大影响，加上其弟子在江南地区的活动，因此，金盖山纯阳观和闵一得在清代道教的历史上，特别是清末全真龙门派的历史上享有一定地位。

第五章

道教组织的教制、教职和规戒

图 86 正一派道士（上海城隍庙）

问： 道教组织的教制、教职和规戒有哪些？请介绍一下。

答： 关于道教组织的教制、教职和规戒，正一道和全真道，因教派传承不同，教义侧重差异，故有所不同。正一道士可以居家修道，也可以住庙修道（图 86）；全真道士必须出家，居于宫观修道。正一道士可以独身，也可以结婚；全真道士不能结婚（图 87）。正一道士平时可以吃荤，斋会期间则吃素；全真道士则要吃素。此外，两派道士的服饰、发髻等也不同，但信仰"道"、信仰神仙，追求长生久视等则是一致的。正一道派也有宫观，如苏州玄妙观、上海城隍庙等。在宫观中，主持教务的正一派道士的称谓与全真道的称谓略有不同，但职能相同。

图 87 全真派道士（山东太虚宫）

问：“法由圣显，道寄人弘”是什么意思？

答：“法由圣显，道寄人弘”，这是唐代道士朱法满在《要修科仪戒律钞》中的话。它的意思是说，道经和道法都是由神明降授的，但是，“道”是“无为”“自然”的，因此道的传播和弘扬还需要依靠道门中人的“有为”，即道门中人依靠自身的表率作用，依靠自己的积极努力去弘道。当然，天道有自己的运行规律，宇宙和社会按其规律运作。只是有了道教，道教就应该发挥作用，让道和道法为社会和人们所理解和尊重，这样，自然界就能平稳地发展演变，社会就能稳定和睦，人民就能安居乐业，平安健康。道教作为一个信道者的社会团体，弘道是其应有的社会功能，道教的弘道工作依靠的正是道教徒，也正是在弘扬、传播大道中，道教在信徒中获得赖以生存的供养。

问：道教的神职人员为什么称为“道士”？

答： 有人给“道士”下过一个定义，“道士”就是“信奉道教教义并修习道术的教徒的通称”。这个定义前半部分是说思想信仰，后半部分是说宗教行为。它以对于道教神职人员的观察为背景，因此，符合世俗对于道士的认识。但道门中人认为，这个定义并不完整。因为，道教信徒由两部分组成，一是普通信徒，二是神职教徒。两者的区别是：神职教徒具有沟通神灵的神性，而普通信徒却不具有，因此只有具有神职的道教徒才称为道士。早期道教文献中只称道人和仙士。南北朝时期，“道士”始专指道教中人，而“道人”则专指佛教中人。后来“道士”成为道教神职教徒的专称，《道典论》引《太上太真科经》称：“道士者，以道为事。”又引《太霄琅书经》称：“人行大道，号为道士。士者何也，理也，事也。身心顺理，唯道是从，从道为事，故称道士。”道士必须信奉道教教义，遵守道教规戒，在宫观内修习道术和科仪，“唯道是从”。道士之间还要有“同宗太上”“立法相传”的师徒传承关系，只有在道门内拜师受学，得到经戒、符箓等，才能成为一个真正的道士。为适应社会的变化，道士的形式也不断丰富。例如：旧时有天真道士、神仙道士、山居道士、出家道士、在家道士、祭酒道士等等。已故前中国道教协会会长傅圆天道长曾说：“古时所谓道士，有三种人可以称之：一、泛指有道之士（见《春秋繁露》）。二、崇奉道教之人称为道士（见《黄帝内经》）。三、方士亦称为道士（见《汉书·王莽传》）。古代称奉道、修道以及得道和有道术的人。”傅圆天道长将道士列为五种：一、道士：终身学道修持，以宫观为家者。二、学士：入道钻研经学义理，学识渊博，并以弘扬道教事业作为自己终身职责者（图88）。三、隐士：隐居出俗，不问世事，学道修仙，以性命修持为主要方向，且道德深厚者。四、居士：居家修持，奉道积善，建诸功德，吃斋诵道者。五、信士：社会名流学者，著书立说，颂扬道教者。傅圆天大师指出了当今社会中从不同角度崇奉和关心道教者的类型，是值得重视的，因为它来自从道生活的实际，反映了当代道士的内涵和外延。

图88 凝神悟道

问：道士为什么有“出家”和“在家”的区分？

答：“家”指家庭。“出家”就是因为信仰，脱离有血缘关系或者家庭关系的家，到道教宫观中过修道生活，以道为家。“在家”就是不离开有血缘关系或者家庭关系的家庭，但也信仰道教。在历史上，正一道中的道士，可以出家，也可以在家。全真派道士则必须出家，而且一旦出家，就要同原来的家庭彻底脱离关系。这样一种出家和在家的制度，在全真派和正一道的规戒中都是有明确规定的。唐代朱法满《要修科仪戒律钞》中说道：“出家之人，与俗既别，置观立舍，并不得与俗人及家口家住。”唐代还没有全真派，此规戒当指正一道的出家道士。全真派《重阳立教十五论》中说道：“凡出家者，先须投庵。庵者，舍也，一身依倚。身有依倚，心渐得安，气神和畅，入真道矣。”

问：当一个道士要具备什么样的条件？

答：当一个道士，首要的条件是信仰“道”。如果不是信仰道，即使入了道门，也难以成为一个真正的道士。有了信仰，旧时还要经过拜师学道，通过主管道教事务的机构的考试，获得道牒，才能成为正式道士。当今社会，根据相关条例的规定，要当一个道士，除了必须年满十八岁及父母同意外，还要进入中国道教学院或者地方的道教院校学习，成绩合格毕业，具备一定的道教基本知识(图 89)；或者拜过道门前辈为师，

图 89 中国道教学院上海进修班毕业典礼

图 90 做功课

从师父那里接受过道门知识传授；或者通过自学道教典籍，具有一定的道学修养，信仰“道”的人，才能取得道士资格。入道以后，在政治上要拥护社会主义制度，要拥护政府的领导。在道学修养上，要能够按照《道德经》和前辈道长的教导，端正行为，遵纪守法，谨守规戒，勤奋修持，积极参加斋醮等宗教活动，热心为道教信徒服务，以自己的行为实践“道”的真谛（图 90）。《重阳立教十五论》中说：“入圣之道，须是苦志多年，积功累行。高明之士，贤达之流，方可入圣之道也。”因此，入道教之门可能容易，而要当好一个道士却不是一件容易的事情。

问： **道士应该怎样拜师？**

答： 中国社会历来尊崇师长，这是因为在中国传统社会中，养育靠父母，成才靠老师。老师是授业之匠，人的一生事业成功与否都要依靠老师的教育和培养。道教是中国的宗教，十分重视师父的作用。道教三宝，师为三宝之一，就是因为师父有道教传承人的作用，而师徒关系也就是道教组织的基础。学道之人刚进道门拜的师父，称为“度师”，俗称“小师”。进了道门，学会了基本的诵经礼忏，修炼养生，进一步学习做法事，当法师，就需要再拜师父。此时拜的师父，俗称“大师”。因此，一个道士，可能有好几个师父，就好像学生在学校里有许多老师一样。道士拜师礼仪，与世俗的拜师仪礼相似，只是增加了道士祝愿仪礼的内容。因为要行仪，所以拜师要有坛场。坛场中，首先由道士行祝愿仪礼。接着，师父三上香，行三跪九叩大礼，然后端坐于坛场一侧。拜师的弟子跟着上香，行三跪九叩大礼，然后向师父行三拜礼。（图 91）师父赐起以后，赐道号于弟子，并向弟子开示教诲。然后，在道士祝愿礼仪中，师父再率领弟子向神位行大礼。拜师仪式结束。

图 91 戒子向八大师礼拜

问： 什么叫“箓”，授箓需要什么条件？

答： 箓，是一种颁发给受箓道士的由多种文书和符图等组合在一起的文件。这些文件有的记载天官功曹、十方神仙名位，有的是召役神吏、施行法术的符图。《正一修真略仪》说：“箓者，太上神真之灵文，九天众圣之秘言，将以检劾三界官属，御运元元，统握群品，鉴骘罪福，考明功过，善恶轻重，纪于简籍，校诫宣示之文。”因此，箓具有道法的功能，就是说，箓能够通神、驱鬼。《正一修真略仪》说：“箓，录也。修真之士，既神室明正，然摄天地灵祇，制魔伏鬼，随其功业，列品仙阶，出有入无，长生度世，与道玄合，故能济度死厄，救拔生灵。巍巍功德，莫不由修奉三洞真经、金书宝箓为之津要也。”因此，箓颁发给道士，也与道士修炼的功业有关。箓的内容也与品位相结合，也就是说，修炼到一定程度的道士能受一定等级的箓，并可以施行一定程度的道法。不同的箓，体现了道士的不同修炼水平，也体现了不同的道法水平。箓既是正一派道士道法等级

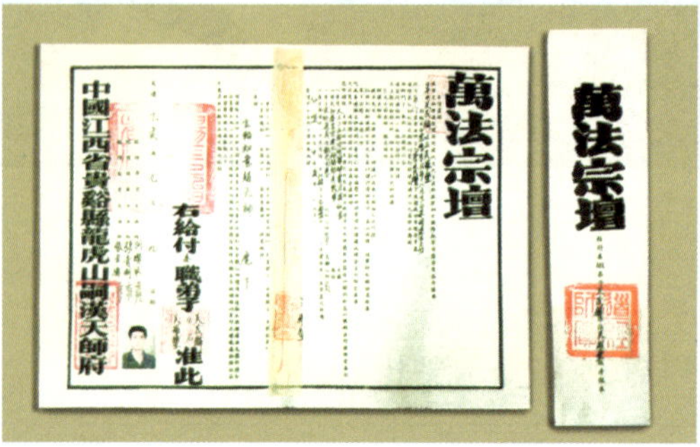

图 92 正一派道士箓牒

的标志，也是教阶的标志。（图 92）《三洞修道仪》的“初入道仪”称：“授正一箓后，方可以为人章醮，为帝王封署山狱，辟召妖毒，朝拜星辰，以铨律候。”关于箓的品级，各代文献中说法并不一致。例如，《三洞修道仪》就说：“自正一至大洞，凡七等，箓有一百二十阶，科有二千四百，律有一千二百，戒有一千二百。”据此，五代末时的箓似乎十分繁复。当今正一派道士以《天坛玉格》为准。《天坛玉格》中正一道士的箓分为五个等级：初授“太上三五都功经箓”，正六品，七品衔；升授“正一盟威经箓”，正四品，五品衔；加授“上清五雷经箓”，正三品衔；加升“上清三洞五雷经箓”，正二品衔；晋升“上清大洞经箓”，正一品衔。道士必须随道法修炼的水平和平时累积的善功德行依品级逐步晋升，一般过三年才能晋升一级。

问：道教怎样进行授箓仪式？

答：授箓仪式是道教正一派的重要礼仪。祖天师张陵创立二十四治时，就创建了正一盟威经箓二十四品，二十四品分属二十四治气箓，督察二十四治区内的鬼神功吏。南北朝以后，历代高道先后整理和编纂了各种法箓，使得法箓成为正一道派传承的标志和礼仪的内容。第四十三代天师张宇初在《道门十规》中说道：“其太上诸品经箓，若祖天师所受，则盟威、都功；葛仙翁所受，则中盟、四仙；茅真君所受，则上清、大洞。

图 93 八大师进府主持授箓醮典

图 94 众箓生上殿诵经

图 95 授箓

其余符箓弥多，皆所以福国裕民，宁家保已。”宋元以降，龙虎山统领江南道教。明代时掌天下道教事，于是三山符箓归龙虎山执掌。道教授箓仪礼的程序,历来道门内口口相传，没有文字记载。根据现行的授箓仪式，授箓礼仪可以分为两个阶段：

一是准备阶段。各地受箓道士陆续到授箓道观挂单，注册登记。

二是授箓阶段。包括迎请主礼三大师和护法六大师，举行启师、拜斗、传度、斋供、上表、送圣等法事，宣讲经典和戒律，演习仪礼等。（图 93—95）

授箓礼仪中颁授受箓生的“职牒”，相当于全真派传戒后颁发的“戒牒”。其主要内容包括受箓道士的道号、法名和俗名，出生年月日，籍贯，受箓时所属道观或道院，授予的箓名和品级等。这一职牒，对于一个受箓道士来说，是信仰、道行和修炼水平的标志和证明，也是日后为信众行法的依据。因为凭此职牒，道士才可以在意文上署写行仪道士的受箓名号，上奏相应的各位神明，施行相应的道法。

问：什么叫"戒"？"放戒"需要什么条件？

答：戒，就是戒律。全真派的"放戒"仪礼是由全真龙门派祖师丘处机创立的。清代全真派高道王常月称，丘处机采集道门传统戒律，仿效佛教沙弥、比丘、菩萨等三戒制度，订立了"三坛大戒"，即初真戒、中极戒和天仙大戒。只是丘处机制订的传戒仪礼都采用单传密授的形式。弟子得之于师父，而旁人无从得知。直至清初，王常月主持北京白云观以后，在白云观设立戒坛，公开放戒，广度弟子，弘扬律宗，使得全真龙门派出现了"中兴"的局面。一时间，中国大地，从北

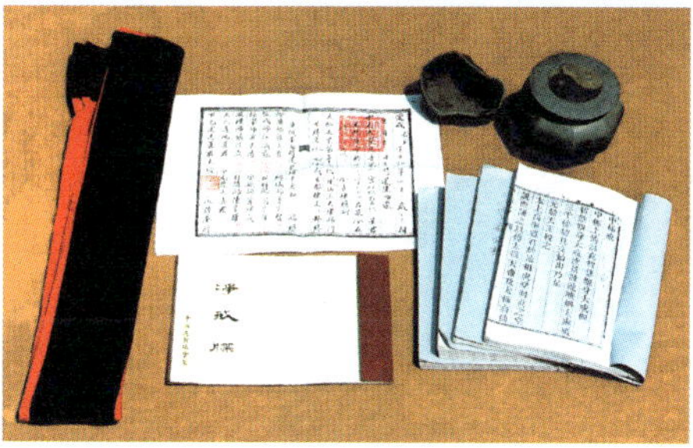

图 96 戒牒、戒经、圭、钵

至南，到处是龙门弟子在弘道传法。因此，从清代以来，一个全真道士通过放戒仪礼，系统学习道教戒律和道教知识，得到戒牒，才算是达到自我修炼的一个层次，成为一名全真道士。全真派道士，得到戒坛上颁发的戒牒，也是他毕生修道的象征、认可的标志。按照全真丛林制度，除了白云观以外，其他有条件的丛林亦可设戒坛放戒。（图 96）

问：　全真派是怎样进行“放戒”仪式的？

答：　1989 年北京白云观举行的“放戒”仪礼，完全按全真派传统进行，历时二十多天。全部放戒礼仪分为两个阶段：

一是准备阶段。各路戒子到北京白云观报到，观看《告诸戒子榜文》《戒坛清规》等告示，由白云观知客按全真派挂单礼仪对戒子逐一考核。

图 97 演礼

二是传戒阶段。包括迎师礼、演礼、考偈，请律师、审戒、诵皇经、礼斗忏，讨论戒条、传授衣钵、发戒牒、普表谢神、做铁罐施食道场等内容。

迎师礼，指戒子在迎请堂，迎请主持传戒

礼仪的“五师”和“十师”。“五师”即演礼师、引礼师、纠仪师、纠察师和道值师。“十师”即保举师、提科师、登箓师、迎请师、主经师、主忏师、主翰师、表白师、通报师、引赞师。

演礼（图97），指全体戒子学习全真道士的生活礼仪，即提圭、捧钵和出入殿堂的仪轨；学习全真道士的道场礼仪，即执圭、执简、展圭、跪拜等仪轨。

考偈，指戒子依三大师的考题书写答卷。答卷经过评审，以“证真榜”的形式，按千字文顺序排列戒子考偈的名次。

请律师，戒子用三次礼仪，恭请“道”“经”“师”三宝。戒子从戒坛出发，到迎请堂前，恭请本次传戒大典的八大师，即证盟大师、监戒大师、保举大师、演礼大师、纠仪大师、提科大师、登箓大师和引请大师。监戒大师上香礼拜，回戒

图98 演戒

坛后，将香炉置于戒坛的神位前，高功拈香礼拜，众戒子就地礼拜。（图 98）各大师率领众戒子，重复于戒坛与迎请堂之间，请《皇经》一部，“法统”一卷，供奉于戒坛神位前，以此象征将“经”宝和“师”宝请来戒坛。

传戒说法，在戒坛上，律师居中，八大师分坐左右。众戒子在戒坛下捧简长跪，听取律师宣讲大戒。初真戒、中极戒和天仙大戒，分为三次宣讲。律师每讲一戒就要问：“此戒尔等可能持否？”众戒子齐声答曰：“依戒奉行！”在宣讲“天仙大戒”的时候，律师每讲一条，也要问：“此无量心能持否？”众戒子答曰：“尽形寿命，常持此心，依教奉行！”最后，律师要诸戒子“至心恒持诸戒，皈依道经师三宝”。众戒子同声答曰：“皈依道！皈依经！皈依师！”

传授衣钵，就是由律师向所有受戒弟子授衣钵。（图 99）

图 99 律师传授衣钵

颁戒牒，就是由律师颁发证明已经受戒的“戒牒”。戒牒是道士受戒的凭证，内容包括：戒子法名、道号和俗名，出生年月日，籍贯，受戒时间、地点，受戒编号。上面盖有“玄都律坛”和传戒律师、八大师的印信。
谢神和普度，戒子在律师和八大师带领下，举行“大回向”仪礼，醮天谢神，将全体受戒弟子的名单表奏天庭。礼谢天神后，送戒坛神位，撤戒坛。普度就是举行全真派的炼度施食仪式，以向道善心，普度一切冤死孤魂，脱离苦海，升登天界。

问：道教组织采用什么样的形式？

答：道教作为信仰者的团体，在初创阶段，采用的是由神职教徒为主，将所有信仰者组织在“方”和“治”中的组织形式。其领导由神职教徒担任。这种组织形式在社会矛盾尖锐的环境中很容易成为一种社会力量，被农民起义利用。太平道被镇压，正一道被收降以后，朝廷采取“聚而禁之”的策略，一方面笼络道教的上层人士，另一方面限制道教的下层信徒，使得道教组织长期处于十分松散的状态。神职教徒和普通信徒之间不再有统一的组织形式。道士之间以师徒关系为基础，以各宗派、各山头、各宫观为单位。全国的道教也一直没有统一的组织。直到1957年，中国才有了一个跨宗派、跨地区的全国性道教组织，即中国道教协会。不过，道士和普通道教徒仍然保持松散关系，道教内部仍以传统的师承关系为基础，以宗派和宫观为单位。中国道教协会对其下属单位只有业务指导关系，而无隶属关系。

问：　道教有哪些重要的规戒？

答：　道教重视规戒和规戒的执行。《要修科仪戒律钞》说："经以检恶，戒以防非。""有经而无戒，犹欲涉海而无舟楫，有口而无舌，何缘度兆身邪。"道教从创立起就有规戒，即《老君想尔戒》，共三品九条：行无为，行柔弱，行守雌勿先动；行无名，行清静，行诸善；行无欲，行知止足，行推让。其后戒律繁衍众多，有三戒、五戒、九戒、十戒、十三禁戒、玉堂二十四通戒、老君二十七戒、老君三十六戒、老君说一百八十戒、三百戒、七百二十门要戒等。金元之际，丘处机订立三坛大戒。所有这些戒律都是事前对于道士行为的警戒。元明之际，道教还有了"清规"，是事后对违反戒律的道士的处罚规定。《道藏》收有《全真清规》，对道士各种违规行为作出"遣出""罚出""罚斋""罚香""罚油""罚茶""罚拜"等规定。近年来，全真道的南岳道教制订了《南岳清规榜》，正一道的上海浦东道教协会制订了《浦东清规榜》，这些都对道教健康发展有促进作用。

问：　什么叫"善书"？

答：　"善书"，即劝善书，指的是规劝世人积德行善，以期终获福报的书籍。善书可分两类。一类是正面规劝，例如《太上感应篇》（图 100）、《阴骘文》等。另一类是规定功和过，让人每天自我鉴定，累积计分，判定奖惩，例如《功过格》等。

善书大多以通俗简易的语言，结合儒释思想，讲解道教的伦理原则，加上历代注家引用丰富的历史事例解释，因此，自问世起，善书就发挥了有效的社会教化作用。

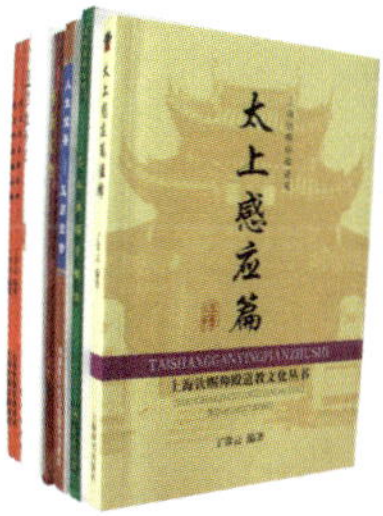

图 100 道教善书书影

问：“诸恶莫作，众善奉行”出自哪一部道教经籍？

答：人们在道教宫观，或者在佛教庙宇中，常常看到“诸恶莫作，众善奉行”等字样。这两句话文字浅显，好记易懂。它们出自道教经籍《太上感应篇》。《太上感应篇》只有一千二百七十四字，以“祸福无门，唯人自召。善恶之报，如影随形”开始，以“诸恶莫作，众善奉行”结尾，使用浅显通俗、简洁明了的语言，指出天地有管理人的功业和过失的神灵，例如三台北斗神君、三尸神、灶神等，“依人所犯轻重，以夺人算”。《太上感应篇》明确列出了数十条善恶行为，规劝世人努力行善，“人皆敬之，天道佑之，福禄随之，众邪远之，神灵卫之，所作必成，神仙可冀”。《太上感应篇》可能作于北宋末年，在南宋时期开始广泛流行。历代都有无数道教信徒和儒生等为《太上感应篇》作注解或图释。该书是道教善书中影响最大的一种，还传播到了朝鲜半岛和日本。

乾
坎
坤

第六章

道教科仪和法术

问： 道教以科仪和法术著称，道教的仪式为什么叫“斋醮”？

答： 每个宗教都有自己特有的仪式。道教的宗教仪式有个专门的名称叫“斋醮”。斋，就是斋戒。古人在祭祀前必须沐浴更衣，茹素、不喝酒、不行房事，表示行仪专心一致，肃穆崇敬。醮，就是祭祀用供品的意思。古人祭祀用的供品，最普通的就是肉和酒。宋玉《高唐赋》称：“进纯牲，祷旋宫，醮诸神，礼太一。”这里的“醮诸神”就是供奉“纯牲”于神前,以酒祭祀诸神。南宋蒋叔舆《无上黄箓大斋立成仪》卷十六中说：“烧香行道，忏罪谢愆，则谓之斋；延真降圣，乞恩请福，则谓之醮。斋醮仪轨不得而同。”在道教历史

图 101 罗天大醮送圣仪式（1993 年，北京白云观）

上，魏晋南北朝时期的斋和醮一直是分开的。“斋醮”连用，大约是在唐代以后。宋吕元素在《道门定制》卷六的“斋品”中称：“广成先生曰：醮者，祭之别名也。香花灯烛，果酒茶汤，降天地，致万神，禳灾祷福，兼利天下，其法出于河图龙文、元化帝瑞神经，率以涓洁为先，精神为本，丹心苦志，以希感通，随所祈禳，修词拜表，精楷典实，务在严恭，其或卤莽灭裂，欺诞真圣，自贻罪谴，何福善之能致乎。”从中可知，唐末五代以后，“醮”的具体仪式包含了“斋”的内容，即“祭”。从宋代起，道教就用“斋醮”来指称道教仪式，直到今天。（图 101）

问：**有人将道教仪式叫作“科仪”，或者叫“做道场”，这是为什么？**

答：“科仪”一词的出现早于“斋醮”，因为《太上洞渊神咒经》卷十五的《步虚解考品》就称：“修斋设醮，不依科仪之考。”“科仪”之仪，即仪式。其科，原是法规、条例的意思，引申为法式和程式。道教称仪式为“科仪”，就是说仪式都有一定的程式，不能胡乱行事。（图 102）自唐代起，以科仪指称仪式逐渐流行。唐薛逢《社日游开元观》诗有句云：“浪渍法堂余像设，水存虚殿半科仪。”其中“科仪”一词就是指道教仪式。到了宋代，吕元素《道门定制》卷六的《斋品》中，列举了太一斋、九天斋、金箓斋等十品斋法，称："右十品斋法，皆有科仪。其余一十七品，详在广成《黄箓序事仪》中，或虽有名题，科仪不备。"由此可见，斋醮是"标明所主，世所修奉"的名称，是科仪的总称。而科仪则是在"斋"和"醮"中所行的一项项仪式的指称。"道场"是道教仪式的俗称。人称"看道士做道场去"，这里的"做道场"就是举行道教仪式的意思。在道教中，"道场"可以指道教徒举行仪式的地方或者泛称仪式，但是并没有像佛教那样以道场指称宫观庙宇的。《太上洞渊神咒经》称"置立道场，转经念咒"，这里的"道场"就是行仪的地方。宋代时，以"道场"指称道教仪式已十分普遍。金元以后，民众大多以道场指称道教的仪式，小说《初刻拍案惊奇》的《西山观设箓度亡魂》中就有"设建七日道场""师徒三众，收了道场"之语。

图 102 科仪榜文

问：　什么是金箓法会？什么是黄箓法会？

答：　“金箓”和“黄箓”都是斋法的名称。南北朝时期，道教仪式逐渐恢宏。按照举行仪式的信徒的不同身份以及仪式的不同目的，道教的仪式可以区分为“三箓七品”。所谓“三箓”，指的是金箓斋、玉箓斋和黄箓斋。所谓“七品”指的是另外七种斋法，即三皇斋、自然斋、上清斋、指教斋、涂炭斋、明真斋和三元斋等。宋代高道白玉蟾在《海琼白真人语录》中称：“夫三箓者，一者金箓斋，上消天灾，保镇国王，惟帝王用之；二者玉箓斋，救度人民，请福谢过，惟妃后臣僚用之；三者黄箓斋，济生度死，下拔地狱九幽之苦，士庶通用之。七品者，一者三皇斋，求仙保国；二者自然斋，修真学道；三者上清斋，升虚入妙；四者指教斋，禳灾救疾（图 103）；五者涂炭斋，悔过请命；六

图 103 龙虎山驱瘟仪

图 104 中国道教界举行庆祝香港回归法会

者明真斋，拔九幽之魂；七者三元斋，谢三官之罪。此等诸斋，或一日一夜，或三日三夜，或七日七夜，具如仪范要之，皆有所本也。”当今中国社会已经没有帝王后妃，但是，遇到一些关系国家大事、世界和平大事的祈祷活动，道教举行仪式时还是称其为金箓法会。（图 104、105）遇到超度亡魂的仪式活动，道教则称其为黄箓法会。法会指的是连续举行多日的大型斋醮活动。

图 105 华山道院举行悼念抗战阵亡将士法会

问：据说旧时道教仪式中有“搏颊”和黄泥涂身等细节，这些应该怎样看待？

答：魏晋时期的七品斋法中，有些斋法包含信徒忏悔自己所犯罪过，祈求上苍宽恕、赦免处罚等内容。据文献记载，这类斋法中,有道教徒要自己“搏颊”,或者黄泥涂面、涂身的节次。例如：明真斋中，道教徒要向十方行礼，搏颊。涂炭斋中，为了解除宗亲和历代祖先的罪孽，要“悉以黄土泥额，披发，系著栏格，反手自缚，口中衔璧，覆卧于地”。三元斋中，向三官大帝谢罪，礼拜二十一方，搏颊。所谓“搏颊”，用现在的话说就是拍打自己的身体，包括脸颊。在中国古代，常用搏颊的形式表示承认错误，表达悔改之意，不仅庶民百姓用，达官贵人也用，同今天流行的写“悔过书”“保证书”一样，并没有“侮辱”人格的意思。至于“黄土泥额，披发，系著栏格”等，那是道教徒以“苦行”表示悔过的决心，表示脱胎换骨，重新做人的意思。它们既非残酷刑罚，亦非人格侮辱。这些仪式行为的细节，带有汉魏和南北朝时期的历史痕迹。随着社会习惯的变化，这些行为已经被代替。今天的道教科仪已经没有类似的细节。因此，对于它们，我们应该用民族的、历史的眼光来理解和看待。

问：宫观道士为什么要做“早课”和“晚课”？

答：早课（图 106）和晚课是道教宫观道士日常的主要仪礼，也

图 106 上殿做早课

是道士修持的一部分。课，指的是课诵，功课就是例行作业的意思。早晚功课指宫观道士除了六戊日之外，每天早晚必须上殿诵念经文。早期道教没有早晚功课的记载。南北朝时，道教的宫观道士有了“常朝仪”。常朝仪的内容是礼十方，同早晚功课以诵念经诰为主不同。但是，常朝仪的形式是天天早晚举行，这同早晚功课又十分接近。佛教丛林约在明代普遍形成朝暮课诵制度，道教全真派道观建制仿效佛教丛林，因此，道教的早晚功课制度，约形成于明代的中晚期。明末清初，全真派主要道观已经普遍地以早晚功课作为一种信仰教育和日常修持的主要形式。清代成书的《道藏辑要》就收有《清微宏范道门功课》和《太上玄门功课经》两种。由于各道观所属宗派不同，加上地区差别、时代变迁，因此，全真派和正一派道观的早晚功课内容略有差异，属同一宗派而位于不同地区的道观的早晚功课的内容也会有差异。当今北京白云观的早课内容除了经咒以外，还有诵宝诰（玉清宝诰、上清宝诰、太清宝诰、玉帝宝诰、天皇宝诰、星主宝诰、后土宝诰、南极宝诰、北五祖师宝诰、南五祖师宝诰、七真宝诰、普化宝诰）等。其晚课内容也有经咒和诵宝诰（斗姥宝诰、三官宝诰、玄天宝诰、吕祖宝诰、丘祖宝诰、萨祖宝诰、灵官宝诰、救苦宝诰）等。同《太上玄门功课经》相比较，在“诵宝诰”部分缺少“天师诰”。上海道教主要是正一派道士。上海市道教协会的《太上正一早晚功课经》中早课的内容有经咒和诵宝诰（玉清宝诰、上清宝诰、太清宝诰、弥罗宝诰、天皇宝诰、星主宝诰、后土宝诰、南极宝诰、雷祖宝诰）等。其晚课的内容也是经咒和诵宝诰(斗姥宝诰、三官宝诰、玄天宝诰、祖天师宝诰、葛仙翁宝诰、许真君宝诰、萨祖宝诰、三茅真君宝诰、东岳宝诰)等。当今中国道教两部有代表性的早晚功课经的差别，并不在于教义思想，而在于宗派的起源和祖师。即使是同一宗派，早晚课中，也因为本地崇奉的神明和祖师，而有本地特殊的内容，例如龙虎山道士的早晚课有颂赞祖师的“祖天师宝诰”和“虚靖天师宝诰”，茅山道院道士的晚课中有“三茅真君宝诰”等。宫观道士日常举行早晚功课的目的，一是为了坚持信仰，《清微宏范道门功课·序》称：“羽士住丛林，奉香火，三千日里行持，十二时中课诵。朝夕朝礼，期上接夫圣真；夙夜输诚，祝永绵夫国祚。”二是为了养生。道士作早课时，多在卯时，此时，阳气初升，阴气未动，饮食未进，气血未乱。通过早课，会产生心平气和、脉通窍利的保健功效。晚课时间一般在酉时，此时人已疲倦，阳气衰微，阴气渐旺，邪气游荡，通过晚课，能消除疲劳，平静焦躁，产生精力振奋、有益睡眠的功效。

问：　什么叫“步虚”？

答：　步虚，是指道士科仪中在坛场上边缓步边唱赞的仪式动作。南朝宋高道陆修静《洞玄灵宝斋说光烛戒罚灯祝愿仪》称："大圣众及自然妙行真人，皆一日三时，旋绕上宫，稽首行礼，飞虚浮空，散花烧香，手把十绝，啸咏洞章，赞九天之灵奥，尊玄文之妙重也。今道士斋时，所以巡绕高座，吟咏步虚者，正是上法玄根，众圣真人朝宴玉京时也。行道礼拜，皆当安徐雅步，审整庠序，俯仰齐同，不得参差。巡行步虚，皆执板当心。冬月不得拱心，夏月不得把扇。唯正身前向，临目内视，存见太上在高座上，注念玄真，使心形同丹，合于天典。”因此，科仪中的步虚是道士对天宫中神仙巡行时吟咏之声的模仿。行步虚仪的时候，要“安徐雅步，审整庠序，俯仰齐同，不得参差”以及“执板当心”，“正身前向，临目内视”。道士在步虚时边缓步边唱赞，其唱赞曲调宛如众仙缥缈行空，故得名为“步虚声”。现在各地道士的步虚音乐，大多舒缓悠扬，优美平稳，适宜道士在缓步行进时诵唱。

问：　什么叫“青词”？

答：　青词，是道教斋醮仪式中使用的一种骈体祝词，又称“绿章”。青词之始，大约起于唐天宝四载(745年)。李肇《翰林志》称："凡太清宫道观，荐告词文，皆用青藤纸朱字，谓之青词。”明代周思德《上清灵宝济度大成金书》有“青词式”，称青词用青纸朱字是因为“青者，东方之色，始生之气”，“朱者，至阳之精，书以朱，以类而感格”。青词多为骈文，对仗工整，文辞赡丽，其格式类似章奏文书，首叙上青词者的姓名和道阶官位，次述祈祷神祇的尊号以及奏述谢过等事由。宋代道士吕元素的《道门定制》卷一称：“青词止上三清、玉帝，或专上玉帝为善。或有自九皇而下，至于十极诸天三界真灵，皆列于词中。”由于青词是因时因地因人的即兴之作，因此，多产生于大型斋醮法会。留传至今的青词有不少出自名家之手，如王安石、苏轼、虞集、龚自珍等。

问：“进表科仪”进的是什么“表”？

答：道教科仪是沟通神人的仪式。既是沟通，就要将道教徒的愿望和要求告诉神，这样就有了道教的进表科仪。进表科仪的“表”就是表章、章函的意思，类似于当今的请示报告。唐代李郢有《紫极宫上元斋次呈诸道流》诗，称：“碧简朝天章奏频，清宫仿佛降灵真。五龙金角向星斗，三洞玉音愁鬼神。”这里的“碧简”就是道士手中的奏折。道士手持奏折，对着上苍，一次次念诵章奏的内容，就好像坛场里已经有神灵降临一般。《灵宝玉鉴·奏申关牒文字论》称：“斋法之设，必有奏申关牒，悉如阳世之官府者，以事人之道事天地神祇也。所以寓诚也，是假我之有，以感通寂然不动之无也。然后见其洋洋乎如在其上，如在其左右，以明其不敢

图 107 焚表（北京白云观）

以上下神祇为无也。”由于科仪需要沟通人神,因此,无论是在金箓、玉箓还是在黄箓类斋仪中都要行进表科仪。不过,各地和各派道士施行这一科仪的名称并不完全一样。例如,苏州正一派道士称“全表”,上海正一派道士称“进表”,全真派道士行“上大表科仪”,台湾南部正一派道士行“玉坛发表科仪”。(图107)

问：“灯仪”的“灯”有什么作用?

答：灯仪是黄箓类科仪的常见科仪,一般在日落以后举行。(图108)过去的夜间照明依靠月光、油灯和火把。当时道教坛场里,灯火通明不夜天是吸引信众的壮观场面。灯仪的重要特点就是不仅斋醮坛场上要点上火烛或灯火,而且道士手上要持灯,以灯作为仪式的主要法器。灯作为法器,用来迎接神仙下降斋坛,为亡魂照彻地狱幽暗,引导其出离地狱。灯仪中的灯,是道教追求光明的象征。唐末五代杜光庭在《太上黄箓斋仪》中称："凡修斋行道，以烧香燃灯最为急务。香者，传心达信，上感真灵；灯者，破暗烛幽，下开泉夜。所以科云：烧香燃灯，上明诸天福堂，下照长夜地狱。苦魂滞魄，乘此光明，方得解脱。"南宋时成书的《灵宝玉鉴》也说道："斋法中每以然灯为首，所以法天象地。""法天"就是上迎天界诸神之降临，"象地"就是下开长夜之幽狱，以接引亡魂超度升天。"然灯破暗之法，盖为死魂一堕重阴，漫漫长夜，非有阳光照烛，超出良难，故必法天象地，然灯告符。夫谓法天象地者，上法日月星辰之悬象，下布八卦九宫之方隅，以交接阳光，开明幽暗，使亡魂乘光得度也。非直借此灯焰焰荧煌，为观美也。"

图 108 灯仪（上海城隍庙）

问：“炼度仪”的内容是什么？

答：炼度仪是黄箓类科仪的一种，自南宋至今一直是用来超度亡灵的主要法事。（图 109）炼度仪的“炼”，指的是行仪法师以真火和真水交炼亡者的灵魂，“度”就是通过交炼，拔度幽灵，出离地狱，升登仙界。南宋成书的《灵宝玉鉴》有“炼度更生门”一节，其中对炼度要旨有较完整的说明，其称：“灵宝大法，有受炼更生之道。外则置设水火，内则交媾坎离。九气以生其神，五芽以寓其气。合三光而明景，周十转以回灵，亦各依其本法而然耳。然必以妙无真阳之气，以其无质之质，以全真中之真，成此圣胎法身，蜕然神化，超出于二气五行之外。不生不灭之表者，实由夫即身之妙也。苟达即身之妙，则自然成真矣，在得鱼而后忘筌可也。况道者神之主，神者气之主，气者形之主。故炼形合气，炼气合神，炼神合虚，则唯道为神，形同太虚矣。所谓金液炼形，玉符保神，形神俱妙，与道合真是也。其炼

图 109 炼度仪

图 110 香港炼度仪

度更生之道，确乎无以议焉。”这段话的意思是，炼度仪是灵宝斋法中的一种。从仪式来看，炼度坛场上要设置水池和火沼。亡魂被召来后，要经过水池火沼的交炼，以涤除亡魂的垢秽，使其内外莹彻，百骸流光，婴成升仙。所谓“内则交媾坎离”，是指人看不到的行仪法师的内炼。炼度仪行仪的关键是法师内炼，南宋郑所南《太极祭炼内法》称：“炼度是炼自己造化，以度幽魂。未能炼神，安能度鬼。全仗真心内事，其符其咒乃寓我之造化耳。”行仪法师，通过内炼，交媾坎离，炼形合气，炼气合神，炼神合虚，与道合真，以自己的妙无真阳之气，度化亡魂。使亡魂在炼度中，具无质之质，全真中之真，炼成圣胎法身，度化自然成真，达到以生度死，以己度人的目的。（图 110）

问："施食科仪"是给谁施食？

答：施食科仪常被称为"焰口"。行施食科仪，俗称"放焰口"。它是宋元以来直至当今，黄箓类科仪中经常演习的主要科仪之一，特别是在全真派的度亡道场中。施是布施、普施的意思，食是食物。《灵宝领教济度金书》称："诸鬼神久处幽阴，形体饥渴，想念世间饮食，无顷刻忘。故施食一事，所以慰其想念，济其饥渴。"施食科仪就是向各类孤魂饿鬼布施经过施法变化的法食，以超度亡魂。《上清灵宝大法》称施食科仪"宣说灵章，咒施法食，三途五苦，尽得沾濡。十类四生，悉皆饱满，即超阴境，共涉仙乡"。在施食科仪中，高功法师要抛撒仪桌上的大米或馒头等阳世人们的食品，因为这些食物都已经过法师诵经念咒、施法，所以它们已经化为无数的"法食"，即无数幽魂都可以食用的醍醐甘露、兰肴珍馔、玉液琼浆，并使幽魂食用后，能深味无为，永出轮回，证无上道。

问：什么是"步罡踏斗"？

答：罡，即魁罡；斗，即北斗。步罡踏斗就是高功法师在坛上铺设的罡单上，按照一定程序踩踏罡单，走禹步，以达到飞行九天，向天庭送达表章的目的，或者达到制伏凶邪、克伐灾咎的目的。罡单是一幅画有北斗七星，二十八宿，青龙白虎、朱雀玄武的图像，长方形。高功法师脚登云鞋，手执宝剑或手执朝板，捧持表函，在罡单上走禹步。禹步，相传是大禹治水时采用的法术，丁字步形，两脚保持九十度夹角。（图111）传称大禹走步，能使巨石翻动。东晋葛洪《抱朴子内篇·仙药》说："禹步法：前举左，右过左，左就右。次举右，左过右，右就左。次举右，右过左，左就右。如此三步，当满二丈一尺，后有九迹。"法师走禹步时，足按星宿之形，并同八卦方位相连接，于是，元神就能在尺幅上飞行九天，上达天庭，或者召神遣将，克伐凶邪。

图 111 高功步罡踏斗

问：什么是“五雷法”？

答：五雷法，又称“五雷正法”，是北宋神霄派的法术。雷，指的是天神号令，系阴阳二气相合的产物，有天神专司管理。五雷法就是高功法师，“正心诚意，与天为徒”，以自身的内丹修炼为基础，以自身的真合天地之造化，嘘为云雨，嘻为雷霆。五雷法有一套完整的经、咒、符、诀，其符图多作雷电及雷神之像。多使用在召神遣将、捉鬼禳灾、水火炼度等科仪中。宋代以后，五雷法被道教各宗派广泛吸收，进入各派科仪中。

问：法师在科仪中常念的“急急如律令”是什么意思？

答：道教科仪中，高功法师行仪时常常在言辞最后说“急急如律令”五个字，然后用手中的令牌或戒音（即惊堂木）猛击法桌的桌面。“急急如律令”原来是汉代文书的最后一句，就是命令和催促收文人快速地按文书去办理的意思。东汉时期，“如律令”三字已经扩大运用到一些非官方文书中。道教以“急急如律令”作为咒语，或者经文言辞的结尾，表示高功法师发布召遣的命令，让神或鬼急速执行的意思。

问：为什么道教宫观在六戊日不举行仪式活动？

答：道教宫观，不论是全真派的还是正一派的，每逢“六戊日”

都不举行早晚课、诵经和科仪。六戊日，指的是戊子、戊寅、戊辰、戊午、戊申、戊戌六天。《九天神霄戊日禁忌》云：“昔汉武帝好道求仙，于元封元年七月望日，感西王母降临，帝问曰：‘世间虫蝗、水旱之灾缘何而至？’王母曰：‘此皆下民无知，四季之内，六戊之日，犁锄田地，冒犯阴阳之禁忌，致使水泽不降，百谷不收，民遭饥馑’。帝曰：‘戊禁最重，如何禳解，可免此灾？’王母曰：‘戊禁最重，无法禳解。不惟虫蝗水旱之灾，然四时所犯，各有灾殃，当禁之。戊日不可浇灌肥粪，触秽地灵。春犯六戊，则令人促寿绝嗣，动土，犯帝星。夏犯六戊，则令人眼目失明，飞灾横祸相侵，动土，则犯土府星辰。秋犯六戊，则令人遭蝗时病，动土，则犯五岳四渎。冬犯六戊，则令人官非口舌，耗散财物，动土，则犯后稷皇社。世人能畏天地，不犯六戊禁忌，即得时和岁稔，衣食自然。’”因此，六戊是冒犯阴阳的禁忌之日，此日天门紧闭，道观也不举行诵经、早晚功课和仪式活动。

乾
坎
坤

第七章

道教修炼的理想和实践

问：道教修炼是为了长生，那么道教史上对于长生的理解和追求有何变化？

答：《道德经》中就有“长生”二字，其第五十九章说：“深根固蒂，长生久视之道。”这里的“长生久视”就是长久存在的意思。第七章称：“天长地久。天地所以能长且久者，以其不自生，故能长生。”这里的“长生”也是长久之意。道教继承了道家的长生思想，将其同神仙家追求长生不死联系在一起。《老子想尔注》说：“能法道，故能自生而长久也。”“求长生者，不劳精思求财以养身，不以无功劫君取禄以荣身，不食五味以恣，衣弊履穷，不与俗争。”“不知长生之道，身皆尸行耳，非道所行，悉尸行也。道人所以得仙寿者，不行尸行，与俗别异，故能成其尸，令为仙士也。”《老子想尔注》将《道德经》通行本第七章的“私”改为“尸”。尸行指的就是不能尸解的人，即不能长生久视的人。尸解表面上看与死无异，但是经过炼尸，尸解者仍然永生。《太平经》里，也有关于“白日升天”和“尸解”的说法。“九君太上亲诀”说：“白日之人，百万之人未有一人得者也。能得之者，天大神

图 112　飞升图（《性命圭旨》）

所保信也。余者不得比。尸解之人百万之人乃出一人耳。”意思是，白日升天的人很少，百万人中也没有一个。(图112)能够尸解的人要多一点，百万人中还有一个。从魏晋到唐代，道教的长生成仙之路，一直有三个方向。一是企图借助金丹以求长生。二是用修炼形神的方法来求长生。(图113)三是用符书和科仪来实现人的能力拓展，以求长生。由于大量服用金丹伤害身体，因此，借助金丹以求长生的方法最终被淘汰。从魏晋到唐代，道教各种修炼形神的方法层出不穷，例如吐纳、导引、按摩、胎息、服气、存思等。这些方法有的锻炼人的形体，有的锻炼人的呼吸，有的则是锻炼人固精护气守神，其中有许多至今还在流传并对防病健身有实际效用。从魏晋到唐代，道教的符咒和科仪逐渐形成规模。南朝宋道士陆修静在《洞玄灵宝斋说光烛戒罚灯祝愿仪》中称：“夫感天地，致群神，

图113　炼形住世故曰地仙图(《群仙集》)

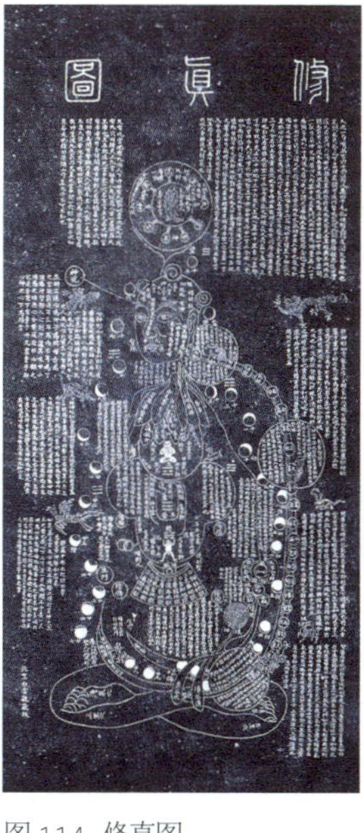
图114　修真图

通仙道，洞至真，解积世罪，灭凶咎，却怨家，修盛德，治疾病，济一切，莫过乎斋转经者也。夫斋直是求道之本，莫不由斯成矣。此功德巍巍，无能比者。上可升仙得道。中可安国宁家，延年益寿，保于福禄，得无为之道。下除宿愆，赦见世过，救厄拔难，消灭灾病，解脱死人忧苦，度一切物，莫有不宜矣。”唐代以后，道教的长生成仙思想继续往两个方向发展：一是内丹术的发展融合了各种锻炼形神的方法，以达到长生延寿的目的；二是科仪和道法相结合，以符法和科仪扩大道士个人难以企及的各种能力，包括长生成仙。内丹术的兴起，将长生成仙说落实为修炼纯阳之体。长生成仙说演变为内丹阳神说。炼成阳神之身的人，就已经脱胎换骨，因为，阳神可以脱离躯壳，身外有身，聚散自由。阳神之身的人自然就已成仙了。（图 114）

问：今天应该如何理解道教的长生成仙的目标？

答：人们常对道教的长生成仙理想有许多疑问或者责难。其实，长生成仙作为一种宗教理想，可以停留在理想层面上，并不需要实例证明，就像神和鬼都是无法证明的一样。只要道教徒相信世界上有不死的神仙，相信学道、修道能够得道成仙，那么，长生成仙在道教中就是一个有吸引力的并且不必证明的理想目标。从人的生存时间上说，长生可以理解为健康长寿。从人的生存状态上说，长生还意味着克服对死亡的恐惧，坦然面对甚至超出个体生死，达到永生境界。从人的能力和品格上说，成仙可以理解成智慧超群、境界高妙、众善奉行、精神自在的高人。他们在智慧方面，有卓越的洞察力、预见性和灵活应变的才能，能大智若愚，和光同尘，道隐无名；在道德方面，关怀民众与社会，与人处利而不害，为而不争，不计较个人得失，不留恋名利权位；在心态方面，潇洒自在，善于解脱怨恨，善于化解烦恼，始终保持着愉悦、自得、乐观、豁达、随和、潇洒、从容、舒缓等优良品质。一个修道的人如果能够做到以上三者，他便是现实生活中的活神仙。

问： 养生“十要”，指的是哪十个养生修炼要求？

答： 养生修炼的“十要”，指的是学道人日常生活中要经常注意的十个要点。《张三丰太极炼丹秘诀》说“十要”，就是“面要常擦，目要常揩，耳要常弹，齿要常叩，背要常暖，胸要常护，腹要常摩，足要常搓，津要常咽，腰要常揉”。（图115）

图115 终南山楼观台老君十四字养生诀碑

问：“十八伤”，指的是要避免哪十八种养生修炼伤害？

答：养生修炼的“十八伤”，指的是修炼者日常生活中应该防止的十八种行为，因为这些行为会给人带来伤害。《张三丰太极炼丹秘诀》说“十八伤”就是“久视伤精，久听伤神，久卧伤气，久坐伤脉，久立伤骨，久行伤筋，暴怒伤肝，思虑伤脾，极忧伤心，过悲伤肺，至饱伤胃，多恐伤肾，多笑伤腰，多言伤液，多唾伤津，多汗伤阳，多泪伤血，多交伤髓”。

问：“还丹成金亿万年”，这句话是什么意思？

答：“还丹成金亿万年”是东晋葛洪在《抱朴子内篇·黄白》篇引用《龟甲文》中的一句话。这句话的意思就是，把药物放在炉鼎中烧炼可以制成金丹，人服用金丹就可以长生亿万年。同书《金丹》篇中还说：“夫金丹之为物，烧之愈久，变化愈妙。黄金入火，百炼不消，埋之，毕天不朽。服此二物，炼人身体，故能令人不老不死。此盖假求于外物以自坚固，有如脂之养火而不可灭，铜青涂脚，入水不腐。”以服用不朽之物求长生，是中国人自古就有的以物养物的观念。这一观念对中国人防病治病方法的影响是根深蒂固的。因为，炼丹使用的药物，大多是矿物，其中有些对人体有害，例如汞（水银），长期服用自然会出现中毒现象。所以，唐代以后炼丹术就被扬弃了。不过，魏晋时期出现了以草木药来配置丹药的方法。这些草木药配制的丸丹，有些对于人体确有滋补功效，延年益寿，安全可靠，流传至今。另外，炼丹家的烧炼实践客观上推动了中国古代化学的发展，对于中国古代科学技术的进步有一定的贡献。

问： **什么叫“内丹”？**

答： 内丹是相对于外丹而言的。外丹，即金丹，是在人体之外以药物烧炼制作丹药。内丹则在人体内，以人体为炉鼎，以人的精气神为药物，在体内凝聚、烧炼精气神成为大丹。（图116）最早使用“内丹”一词的是南北朝时期佛教天台宗的慧思。其《立誓愿文》说“借外丹力修内丹”。随着外丹术的衰微，隋代开皇年间（581—600）苏元朗提出“身为炉鼎，心为神室”，从此内丹修炼遂成格局。唐代以后，施肩吾《西山群仙会真记》和崔希范《入药镜》对内丹修炼的理论和方法做了探索。宋代张伯端《悟真篇》的出现，标志着内丹修炼理论的成熟。人体中的内丹是怎样的？历史上各说不一。有人说内丹是脐下三寸处白色的圆球，状如丹丸。有人说内丹是炼养之中一股滚动的内气，寄寓于脐下三寸

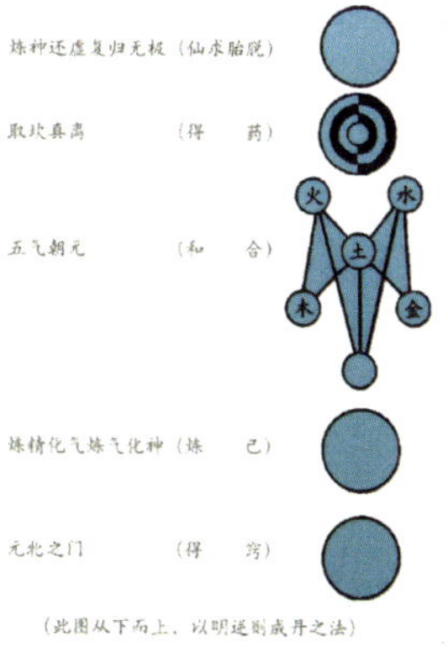

图116 成丹图

丹田之中。有人说内丹是藏于脐下三寸的先天。有人说内丹就是炼性，心空、神静、意定就是内丹炼成的标志。比较诸家说法，似乎称内丹为一股滚动的内气较为恰当。一个修炼内丹的人，如果能够控制内气运作、藏伏，当会感觉犹如有异物在身内滚动。而要能够自在控制内气，必定已经达到心空、神静、意定的境界。

问： **丹法为什么分成上、中、下三品？**

答： 内丹修炼按照功法的深浅以及达到的程度可以区分为三品。南宋白玉蟾《修仙辨惑论》中说到，上品丹法，指的是“以身为铅，以心为汞，以定为水，以慧为火，在片晌之间，可以凝结。十月胎成”。这样的丹法“以精神魂魄意为药材，以行住坐卧为火候，以清静自然为运用”，可以修成天仙之道。中品丹法，指的是“以气为铅，以神为汞，以午为火，以子为水，在百日之间，可以混合。三年成象”。这样的丹法“以肝心脾肺肾为药材，以年月日时为火候，以抱元守一为运用”，可以修成水仙之道。下品丹法，指的是“以精为铅，以血为汞，以肾为水，以心为火，在一年之间，可以融结。九年成功”。这样的丹法“以精血髓气液为药材，以闭咽搐摩为火候，以存想升降为运用”，可以修成地仙之道，能留形住世。三品丹法，修炼方法和时间不同，因此，与道合一的程度也不同，故定为上、中、下三品。

问：修炼的人常说“奇经八脉”，它和针灸的经脉一样吗？为什么要打通奇经八脉？

答：奇经八脉是道教医术的用语，同中医针灸的人体经脉不同（图117）。因为奇经同人体脏腑没有明显的联系，亦无相互之间的表里配合关系，故称“奇经”。奇经有八条脉，即（1）督脉：起自会阴部，沿人体正中线，循背部脊柱向上，经后颈部，越过头顶，止于颜面部上齿龈的正中；（2）任脉：起于小腹内，沿脊椎骨内部上行，又出于会阴部，上至前阴，沿人体正中线，循腹部上至脐部、胸部、颈部，至下唇中央，分为左右两枝，止于左右眼部；（3）冲脉：起于小腹内，沿着脊

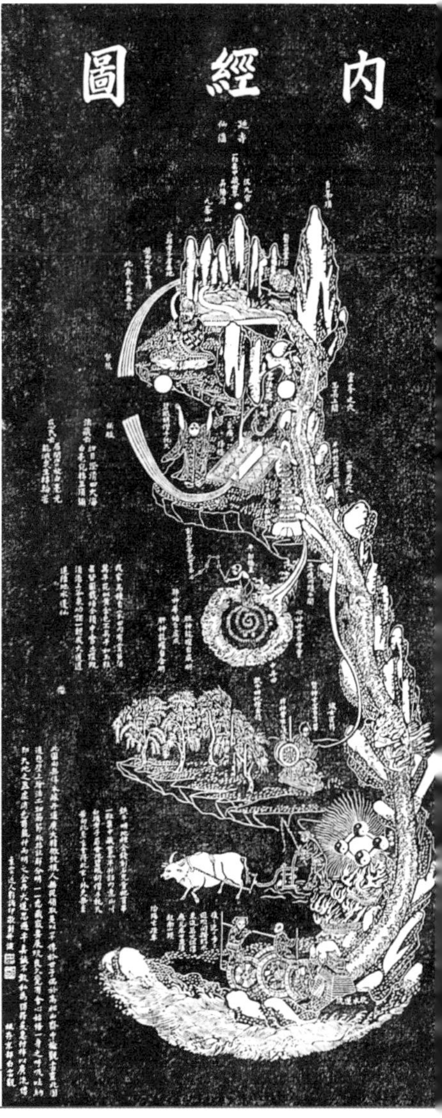

图117 内经图

椎骨内部上行，又由阴部两侧开始，夹脐两旁向上，止于胸部；(4)带脉：起于季胁部，横行环绕腰部一周；(5)阳维脉：起于外踝下方，经下肢外侧、侧腹部、侧胸部、肩部、后颊部，止于头顶部；(6)阴维脉：起于内踝上方，经下肢内侧、腹部、胸部、咽喉，止于后颈部；(7)阳跷脉：起于足跟外侧，沿外踝向上，经下肢外侧，侧腹部、侧胸部、肩部、面颊，止于后颈部；(8)阴跷脉：起于足跟内侧，沿内踝向上，经下肢内侧，前阴部、腹部、胸部、颈部，鼻的两侧，止于眼部。八脉中的任脉在循行中同各阴经相联，是阴经经脉之纲，人称“阴脉之海”。八脉中的督脉与各阳经相联系，是阳经经脉之纲，人称“阳脉之海”。明代名医李时珍认为“任督二脉，人身之子午也”，“人能通此二脉，则万脉皆通”。养生修炼者重视奇经八脉，宋代张紫阳有《八脉经》称：“八脉者，先天大道之根，一气之祖，采之惟在阴跷为先，此脉才动，诸脉皆通。次督、任、冲三脉，总为经脉造化之源。”因此，打通督、任、冲三脉，是修炼的首务。

问：“守一”的修炼方法有什么要领？

答：守一，是指在修炼养生时，保持身心宁静，并将意念集中于自身体内的某个部位。守一之术源于《道德经》所说的“载营魄抱一，能无离乎？”抱一即守一，一即道。早期道教的《太平经》有“清身守一法”“守一明之法”“守一法”“守一长存诀”

等，称“守一”为“长寿之根也”。《西升经》的《慎行章》称：“恬淡思道，臻志守一。”守一之法必须恬静淡泊，一心守道。《云笈七签》称：“凡守一者，身神常安。若体中不宁，当反舌塞喉，嗽漏醴泉，满口咽之。讫又如前，咽液无数，觉宁乃止，止而未宁，重复为之。须臾之间，不宁之疴，即应廓散，自然除也。当时有效，觉体中宽软都平，便以逍遥复常。太极众真、太虚真人、南岳赤君、妙行真人，莫不修此以成圣真矣。”修炼守一者，既可以是守思想上的道，也可以守体内纯阳之气，也可以守身体某个部位，例如丹田等，各家之说不尽一致，但是，集中意念，安静身心，以达到除病恢复健康，这又是一致的。（图 118、119）

图 118 心和神悦

图 119 静息养性

问： 什么叫“吐纳”？

答： 吐纳是学道修炼的一种方法。吐即呼气，纳即吸气，因此，吐纳是一种呼吸锻炼方法。吐故纳新的修炼，能使人体与天地之气沟通，促进人体除旧更新，达到健康长寿的目的。吐纳术源远流长。《道德经》称“抟气致柔”。《南华真经》称“吐故纳新”，并记载了“常人之息以喉，至人之息以踵”的行气方法。战国时代的《行气玉佩铭》记录了行气的要领：“行气：深则蓄，蓄则伸，伸则下，下则定，定则固，固则萌，萌则长，长则退，退则天。天几舂在上，地几舂在下，顺则生，逆则死。”道教继承古代吐纳养生方法，作为修炼方法之一。《云笈七签》的《神仙绝谷食气法》称：“道者气也，爱气则得道，得道则长生。”呼吸锻炼同修道得道的最高目标是联系在一起的。早期吐纳术以呼吸外气为主，有“服六气”“餐霞”等。三国至晋代，某些道派将“胎息”作为行气的主要手段，改以修炼内气为主。隋唐时期，吐纳以服内气、行内气为主导。宋代以后，由于内丹术的发展，吐纳被吸收为内丹术的一部分，其服气、行气之法也更趋精密、完整。

问： “六字气诀”指的是哪六个字？

答： 六字气诀的六个字是“吹、呼、唏、呵、嘘、呬”。其法又称“去病延年六字法”“六字延寿诀”。修炼六字气诀，指的是采用不同的呼气方法，以治疗不同的疾病。齐梁陶弘景《养性延命录》有《服气疗病篇》称:“吐气有六者,谓吹、呼、唏、呵、嘘、呬,皆出气也。”“时寒可吹,时温可呼。委曲治病,吹以去风,呼以去热,唏以去烦,呵以下气,嘘以散滞,以解极。凡人极者,则多嘘。道家行气,率不欲嘘。嘘者,长息之心也。”唐代孙思邈《备急千金要方》的《调气法》也说:“若患心冷病,气即呼出;若热病,气即吹出;若肺病,即嘘出;若肝病,即呵出;若脾病,即唏出;若肾病,即呬出。”又称:心脏病者,“用呼吹二气,呼疗冷,吹治热”;肺脏病,“用嘘气出”;肝脏病,“用呵气出”;脾脏病,“用唏气出”;肾脏病,“用呬气出”。以六字吐气有六种不同的口型,呼出脏腑中的浊气。宋代以后,六字气诀又被加上一些动作,称“动功六字延寿诀”。由于六字气诀简单易学,功效显著,因此至今仍为修炼者所采用。

问: 什么叫“导引”?

答: 导引是道士修炼的一种方法。导,指疏通人的肢体;引,指调节人之气息。导引方法就是修炼人引动肢体,做出俯仰屈伸等姿势,同时和行气等方法相配合。导引的形式与现代体育的体操类似,只是加上行气配合。导引依据的是“流水不腐,户枢不蠹”,主张人体应该运动,通过运动帮助消化,通利关节,促进血液循环,达到祛病延年的目的。唐代司马承祯《服气精义论》有《导引论》称:“夫肢体关节本资于动用,经脉荣卫实理于宣通，今既闲居，乃无运役事，须导引以致和畅，户枢不蠹，其义信然。”其法起源很早。《南华真经·刻意》篇就说：“吹呼吸，吐故纳新，熊经鸟申，为寿而已矣，此道引之士，养形之人，彭祖寿考者之所好也。”其中“熊经鸟申”就是像熊那样攀树，像鸟那样飞翔伸展。导引和行气如能相互结合修炼，就可以长寿。1973 年长沙马王堆汉墓出土帛画《导引图》（图 120），绘有四十四个导引动作的人物图像，表明导引术在汉初已普及于社会。早期道教将导引作为修炼方术之一。《道藏》中有不少导引著述。东晋葛洪《抱朴子内篇·杂应》篇记有“龙导”“虎引”“熊经”“龟咽”“燕飞”“蛇屈”“鸟伸”“猿据”“兔惊”等九种导引术势名称。齐梁陶弘景《养性延命录·导引按摩篇》对“狼踞鸱顾”“五

图 120　长沙马王堆汉墓出土帛画《导引图》局部

禽戏”等导引术势做了具体记载。唐代孙思邈《千金要方》记有“天竺国按摩法”“老子按摩法”等，法名按摩，实为导引。《云笈七签》的“玄鉴导引法”具载十三势的作法，称：“导引之法，深能益人延年，与调气相须，令血脉通，除百病。”道教经籍所记的导引法，有不少曾对当时社会产生过很大影响，直到近现代还在流传。其中流传最广的要数陶弘景《养性延命录》记载的华佗“五禽戏”，它模仿虎、鹿、熊、猿、鸟等五种鸟兽活动形态，编制出一套导引程式，用以修炼健身，确有很好的效果。《正统道藏》所收《太上老君养生诀》亦录此“五禽戏”，署“华佗授广陵吴普”。《修真十书》还有八段作法的记载，且有术势图像配于每段之下，名“钟离八段锦法”。实践证明，导引对提高民众体质，促进身体健康，确有作用。

问： 什么叫“存思”？

答： 存思，又称“存想”“存神”“存视”，是道士修炼的一种方法。存思就是在入静时，将意念存放在体内或体外的某处，某处可以是景象，或者是神灵。自汉末直至唐代，存思曾广泛流传。《太平经》就有记载：“使空室内傍无人，画像随其脏色与四时气相应，悬之窗光之中而思之。上有脏像，下有十乡，卧则念以近悬像，想之不止。五脏神能报二十四时气，五行神且来救助，万疾皆愈。”魏晋南北朝时，存思成为上清派的主要修炼方法。《黄庭内景经》中说到存思处甚多，如“存思百念视节度”“可用存思登虚空”等。《云笈七签》载有大量存思功法，如“存思三洞法”“思修九宫法”“思九宫五神法”等。《老君存思图十八篇·序》称：“修身济物，要在存思。存思不精，漫澜无感。”孙思邈《存神炼气铭》称：“欲学此术，先须绝粒，安心气海，存神丹田，摄心静虑，气海若具，自然饱矣。专心修者，百日小成，三年大成。初入五时，后通七候，神灵变化，出没自在。峭壁千里，去住无碍。气若不散，即气海充盈，神静丹田，身心永固，自然回颜驻色，变体成仙，隐显自由，通灵百变，名曰度世，号曰真人。”（图121）

图121 养胎仙守自然之气图

问： 什么叫“坐忘”？

答： 坐忘，是道士修炼的一种方法，指的是人在修炼中控制意志、排除杂念，也指人有意识地控制自己忘记外界事物，忘记自身形体的存在，达到与“大道”相合为一的得道境界。“坐忘”一词出于《南华真经·大宗师》：“仲尼蹴然曰：‘何谓坐忘？’

颜回曰：‘堕肢体，黜聪明，离形去知，同于大通，此谓坐忘’。”“大通”就是道，同于大通就是同于道，因此能坐忘就是得道。宋代曾慥《道枢·坐忘篇》中就说：“坐忘者，长生之基也。故招真以炼形，形清则合于气；含道以炼气，气清则合于神。体与道冥，斯谓之得道矣。”早期道教太平道与正一道的文献中，都没有“坐忘”的记载，但是《太平经》重视“守一”，强调守一要使感官和思想“无所属，无所睹”，“谨守其神”，“与一相保”。守一修道之法，其理论和操作都同“坐忘”十分相似。隋唐时期，“坐忘”逐渐代替了“守一”“存思”等内修方法。唐代王悬河编修的《三洞珠囊》卷五有《坐忘精思品》，将“坐忘”和“精思”并列在一起。唐代司马承祯有《坐忘论》，赞扬坐忘是“信道之要”，将坐忘法略成七条，即敬信、断缘、收心、简事、真观、泰定、得道等。按照七个顺序操作，就能得道，成为神仙。宋元以后，道教的内丹术代替了外丹术。内丹家们多以精、气、神的理论解释坐忘，使其与“坐忘”修炼相联结。另外，“坐忘”在养生修炼中仍然保持着独立而持久的影响。

问：华山陈抟老祖以“睡功”著世，陈抟的睡功有哪些特点？

答：陈抟（？—989），是五代宋初的道士，字图南，号扶摇子，赐号“希夷先生”。早年学习经史百家典籍，通晓医术、佛学、天文地理等。因科考不中，放迹山水，隐居于武当山达二十多年，修炼胎息、服气、辟谷、导引等功法。六十余岁时，游四川，回关中，蜕老返童。后周和宋都曾召见入宫，深得朝廷器重。陈抟善书法，精哲理，融会儒释道三教之理，作《无极图》和《先天图》，对于宋代理学的发展有重大影响。陈抟内修最为人称道的是他的“睡功”，传说陈抟看破红尘，以睡为乐，一睡能够百余日不起，不吃不喝。他的《睡歌》中称：“臣爱睡，臣爱睡，不卧毡，不盖被。片石枕头，蓑衣覆地，南北任眠，东西随睡。轰雷掣电泰山摧，万丈海水空里坠，骊龙恁时正鼾睡。闲想张良，闷思范蠡，说甚曹操，休言刘备，两三个君子，只争些小闲气。争似臣，向清风，岭头白云堆里，展放眉头，解开肚皮，打一觉睡，更管甚红轮西坠。”陈抟的“睡功”，并非真睡，而是包含了存思、胎息、服气和辟谷等多种功法的修炼术。（图 122）

图 122 神功静养

问： 陈撄宁的“静功”修炼应该从何处入手？

答： 陈撄宁是近现代著名道学家，“静功”是他创立的内修功法。1957年，他在杭州屏风山疗养院开设“静功疗养科”，讲授静功疗养法，以治疗本元亏损的慢性疾病。例如：头晕眼花、失眠多梦、烦躁忧虑、情绪不稳、遇事多忘、脾胃不适、容易疲劳等。经过实践，静功取得了成功。他要求修炼人在“静”字上下功夫，推重《南华真经》中的“心斋”和“坐忘”，要求修炼人“堕肢体，黜聪明，离形去知，同于大通”，并不重视呼吸“气法”。练此“静功”能使修炼者的大脑皮层得到抑制和休息，神经系统得以恢复正常，消除病态。由于静功修炼目标明确，操作简便，条件不苛，便于学习推广，因此，“静功”至今在知识阶层、慢性疾病患者中仍受到重视。

问： 什么叫“房中术”？

答： 房中术，又称“阴道”“黄赤之道”“混气之法”“男女合气之术”。原是中国古代的性生活养生术，起源于神仙家。《汉书·艺文志》著录房中书八家百八十六卷，有《容成阴道》《务成子阴道》《黄帝三王养阳方》《三家内房有子方》等，但以上诸书均佚。1973年，长沙马王堆三号汉墓出土了五种房中书，定名为《十问》《合阴阳》《天下至道谈》《养生方》《杂疗方》。它们是我国现存最早的房中书。早期道教在继承方仙道术时，将房中术纳入其道术系统。正一道以房中术和行气、符咒等配合修炼。曹操招致的方士中，“甘始、左元放、东郭延年行容成御妇人法”。东晋葛洪《抱朴子内篇·遐览》篇著录房中书《玄女经》《素女经》等多种。东晋以后，一些新出道派反对房中术，如上清派，其崇尚存思、行气，贬斥黄赤。北魏寇谦之的北天师道称房中术为“三张伪法”，要道官箓生“断改黄赤”。但是，房中养生并未断绝。齐梁道士陶弘景《养性延命录》中即有《御女损益篇》阐述房中术。《隋书·经籍志》道经类称有房中书十三部三十八卷。唐代孙思邈《千金要方》中亦有专节阐述“房中补益”，王焘《外台秘要方》还引录《素女方》。《旧唐书·经籍志》和《新唐书·艺文志》也著录房中专书。直至宋代，在理学家“存天理、灭人欲”的倡导下，房中术遂成为批判对象，加上当时有人张扬糟粕，使房中术沦为淫秽之术。房中术遂遭到主流社会的摈弃。《宋史》以后各史书再无房中术类新书著录，房中术渐趋湮没。直至清末，叶德辉辑录《素女经》、《素女方》、《玉房秘诀》（附《玉房指要》）、《洞玄子》、《天地阴阳交欢大乐赋》等各一卷，载入《双梅景闇丛书》，人们才得以略窥房中古籍之面貌。当代社会，特别是中国改革开放以后，尊重人的尊严，强调个性解放和男女平等，两性问题已经成为一种人生学问，因此，房中术的历史和内容重新受到人们关注，其内容也开始得到恰当的评价。

问： 道教房中术有哪些健康内容?

答：道教认为，人的精、气、神是人生“三宝”，精足则气充，气充则神旺。如果人能时常保持精足、气充、神旺的状态，必然健康长寿，乃至长生；反之，不断耗损三宝，必罹病夭亡。因此，道教房中术的本旨是协调阴阳，重精固精，养生延寿，其术就是“爱气、尊神、重精、宝精”的修炼之术。《道德经》说：“道生一，一生二。”“二”就是阴阳，阴不可无阳，阳不可无阴，因此，早期道教并不主张绝欲，男女交合是天道之常，只是要求节制欲望而已。东晋葛洪说：“人复不可都绝阴阳，阴阳不交，则坐致壅阏之病。”但又不可纵欲，如果“任情肆意，又损年命。唯有得其节宣之和，可以不损”（《抱朴子内篇·释滞》）。唐代孙思邈说：“非欲务于淫佚，苟求快意，务存节欲以广养生也。非苟欲强身力行女色以纵情，意在补益以遣疾也。此房中之微旨也。”（《千金要方》卷二十七）房中术不仅要求节欲，更要求慎施。孙思邈将精液比作燃灯之油，谓油料充足，则灯火旺盛，随意耗费，终至油尽灯灭。房中家根据人的年龄、健康状况以及气候变化等条件，提出不同的施精次数。《素女经》称：人年二十岁者，四日一泄；年三十者，八日一泄；年四十者，十六日一泄；年五十者，二十日一泄；年六十者，即闭精勿泄，若体力犹壮者，一月一泄。房中术大多强调房中禁忌。《养性延命录》和《千金要方》都认为，忿怒中交接，令人发痈疽。忍小便以交接，令人得淋病，或茎中痛。远行疲劳行房，则五劳虚损。妇人月事未绝以交接，生白驳等。元人李鹏飞在《三元延寿参赞书》中曾将房中术归纳为如下几句话："欲不可绝，欲不可早，欲不可纵，欲不可强，欲有所忌，欲有所避。"（《居家必用事类全集》）对于房中末流的采补术，道教一直持批评的态度，称其为"大乱之道""外道""邪道"。

问："我命在我，不属天地"，应该怎样理解？

答："我命在我，不属天地"，这句话见之于东晋葛洪《抱朴子内篇·黄白》，又见于齐梁陶弘景《养性延命录》以及《西升经》等处，因此，这句话已有一千六百多年的历史了。它的核心是"命"。"命"有两个意思：一是"生命"，即寿命；二是"运气"，即命运。对于命，中国古代思想家也有过争论。孔子"知命"，孟子"立命""正命"，荀子"制天命"，墨子"非命"。南北朝刘峻《辨命论》认为："命也者，自天之命也。定于冥兆，终然不变。鬼神不能预，圣哲不能谋。"意思是，人的命运是天确定的，任何鬼神和人都无法改变。《道德经》里有三个"命"字，第十六章说："归根曰静，静曰复命。复命曰常，知常曰明。""复命"就是回归到一切存在的根源（本性），这个本性就是"道"。万物都有自身的"道"，不可替代。万物只有驱除欲望，保持宁静，才能回复到固有的"道"，然后与天地之道融合一致，达到天人合一。（图123）这里的"命"就是自身的根源和本性的意思。人在

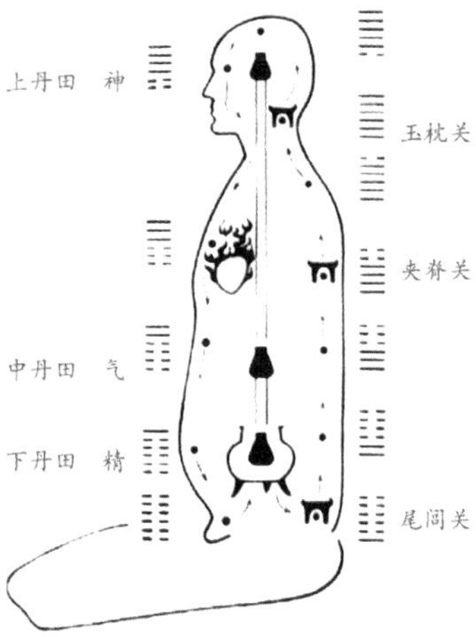

图 123 人体阴阳平衡图

天地之间不能为所欲为，必须顺天道而行，顺自己的“道”而行，因此，道教的“命”就是“道”。由“道”决定人的寿命和运气。庄子主张“安天命”，“知其不可奈何而安之若命，德之至也”。《道德经》称“复命”，表明人在顺应天命时仍有其主动性，可以复命。所以，道教对于“命”的态度具有二重性，即既相信“天命”，又颂扬人能够把握命。《冲虚至德真经·力命》中的一段话比较完整地表述了道家和道教对待“命”的观点：“命者，必定之分，非力不成。力者，进取之力，非命不就。有其命者必资其力，有其力者或副其命。亦有力之不能致者，无命也。恃命而不力求者，候时也。信命不信力者，失之远矣。信力不信命者，亦非当也。”道教的这一思想获得了有识之士的一致肯定，因为它体现了道教敢于在各种困难条件下，不畏艰险，自力更生，摸索前进的精神，这种精神鼓舞着中华民族的子子孙孙不断奋发上进。

问：“众术合修”是什么意思?

答：“众术”是指各种养生修炼术。“众术合修”首见于东晋葛洪《抱朴子内篇·微旨》。有人问：养生方法哪一种最好?葛洪说：“若未得其至要之大者，则其小者不可不广知也。盖借众术之共成长生也。”意思是，如果没有学习到最重要的，那么小的方法就不可不知，因为可以依靠各种方法来共同达到长生。道教养生术的各种方法各有特点，像吐纳、行气等，可用于改善呼吸系统；像存思、坐忘等，可用于改善神经系统；像导引、五禽戏等，可用于强健肢体；像按摩、叩齿等，可用于强化消化系统；像房中术等，可用于调理生殖系统。如果能将各种方法综合起来修炼，就能产生综合效果，因此“众术合修”是一个科学而合理的养生原则。道教之所以提出这样一个原则，是因为其教义具有包容性。《道德经》第十六章说：“知常容，容乃公，公乃全，全乃天，天乃道，道乃久，没身不殆。”宽容和包容是道教教义思想的一大特征。道教是中华传统文化的一部分，它对于历史上各种养生和治疗方术都加以吸纳，使其成为道教养生和医学的组成部分，对于道教徒的养生修炼都有用。

问：为什么说“十道九医”?

答：“十道九医”是一句古话，说的是十个道士中有九个道士懂得医术。这里的“十”和“九”都是虚数，只是形容

图124 吕洞宾施药图

众多。在世界各宗教中，只有道教有那么多神职人员从事医疗的研究和实践。道教有比较完整的医学和养生学内容，有众多养生学文献和医学文献，这同道教追求长生不死的神仙信仰有关。李约瑟在《中国科学技术史》里说：“道家思想从一开始就迷恋于这样一个观念，即认为达到长生不老是可能的。我们不知道在世界上任何其他一个地方有与此近似的观念。这对科学的重要性是无法估量的。”正是为了追求长生不死，道教史上无数高道从外丹、内丹、医学、药物学等各方面对于人的长生做了无数实验，积累了大量有价值的经验。也因为道士修炼大多隐居于山野，一旦遇到疾病或伤害，只能依靠自我救治。为了生存，道士就必须学会自我保护，不致得病和受伤以后无法救治，因此，道士必须学习和研究医术、急救术以及养生术。早期道教的时代，生产力水平低下，民众严重缺医少药，道教也采用“以医传教、借医弘道”的方法，用“符水咒说”和“跪拜首过”的方法，为下层民众医病，并从中发展自己。（图 124）魏晋南北朝时期，随着教义体系完善和长生成仙目标确立，道教医学在吸收和融合中国古代医学理论和实践的基础上，获得了很大的发展。东晋葛洪在总结前人医学经验的基础上，编撰《肘后备急方》，世称“中国第一部急症手册”。上清派陶弘景医道兼通，整理历代本草，成为南北朝时期的名医。隋唐时期是道教的隆盛时期，也出现了大批道医，其数量约占当时名医总数的五分之一。唐代的中国传统医学采取“援道入医”的态度，大量吸收道教医学的成果。宋元时期道教历史上出现了许多派别，这些新派别大多借用施医给药的方法传道。大量道医还参与了传统医学的医书编写和整理等工作，医道互相渗透，共同发展。中国医学史上的金元四大家之首的刘完素就是一名道士。明清时期，由于道教衰落，道教医学也发展迟缓。但是，清代十九位名医中，至少也有两名同道教有联系。道教医学对于中国传统医学的发展仍保持着影响。（图 125）

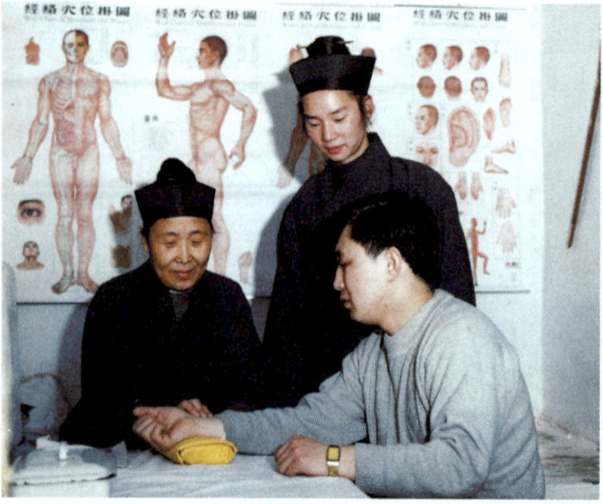

图 125　为病人服务

第八章

道教宫观的参访和祭拜常识

（一）
宫观建筑和殿堂

问：　早期道教有没有庙观？

答：　在早期，道士修道大多入山居住山洞，或者搭建茅舍，并没有庙观的建制。张陵的正一道有二十四治，其治所也十分简单。《要修科仪戒律钞》引《太真科》说："天师治地，方八十一步。"最多也不过64平方米。治的中央是"崇虚堂"，一区七架六间十二丈。中央二间，上作一层崇玄台。当台中央，安大香炉，高五尺，持久燃香。天师子孙、上八大治、山居清苦济世道士可以登台朝礼。其余道士集合于大堂，遥朝礼。治所虽然有祭拜的场所，但是还不能算是庙观。

问：　修道场所以宫观为名，从何时开始？

答：　晋代时，道士修道的场所有"治"、"庐"、"靖"（或作"静"）等称呼。南北朝时，道教传播日广，还得到士绅阶层的信奉，于是，皇室和贵族等为道士所建的修道场所日渐扩大，被称为馆、观。修道场所既有道士生活用房，又有奉祭神灵的地方。唐代，由于皇室扶持，道士修道居所建得"如王者之居”，被称为宫、观。自此，“宫观”作为道士祭神和居所之名被确定下来，不再使用“治”“靖”“庐”等旧名。不过，如果庙观规模较小，未曾被皇帝敕封，这些场所也仍有称为精舍、道院、庵、庙的，而“宫观”则始终是道教修道场所的通用名称。

为了区别和指称的需要，宫观又各有具体名称。其命名根据，有的是经书，例如玉隆万寿宫、常道观、太极观、玄妙观、黄庭观等；有的是供奉的主要神灵名称，例如玉清宫、上清宫、太清宫、天宝宫、灵宝宫、玉皇观、太一宫、紫微宫、文昌宫、真武庙、斗姆宫、碧霞元君祠等；有的是得道仙真的名号，例如纯阳宫、海蟾宫、重阳宫、长春宫等；有的根据地名或山名，例如桐柏观、紫霄宫、龙泉观、东岳庙、

图126 成都青羊宫

西岳庙、南岳大庙等；有的则根据历史传说故事，例如青羊宫（图 126）、铁柱宫、酥醪观等。

中国历史上究竟有过多少宫观，难以有确切的统计。北齐文宣帝高洋曾有“馆舍（指道观）盈于山薮，伽蓝（指佛寺）遍于州郡”之说，表明南北朝时的道教宫观已经有很多。经过千余年的兴废，又加上兵燹和人为破坏，道教宫观留存至今者，仅为很少的一部分。唯其留存甚少，更显弥足珍贵。它们是保存至今的古建筑实物，是研究中国古建筑的营造方法和建筑艺术难得的材料；宫观中保存的大量文物和艺术品,更是文物考古和艺术学难得的研究材料。

问：道教宫观前面为什么都有雄伟的“牌坊”？

答：道教宫观前大多有个类似“牌坊”的东西，其正式名称为“棂星门”（图 127）。棂，原来是指窗户或栏杆上的有花纹的格子，也指屋檐。棂星门，原来是孔庙外门的名称，即灵星门。灵星，指的就是天田星。汉代祭拜天田星原是为祈求五谷丰登。宋代开始，皇帝祭天的场所外面都有棂星门建筑，表示门内的场所就是天界。道观前面有棂星门，主要包含三层意思：一是道观的标志，人们看到棂星门，就知道在棂星门后面有一座道观；二是区别的标志，人们进入棂星门，就好像从人世进入仙界，那道观是神仙居住的地方，进入道观，参访祭拜要虔诚；三是禁戒的标志，因为道观是道士修炼的地方，进入道观就要遵守戒律，不能喧哗，不能随意饮食如厕，要保持宫观的严肃和清洁。棂星门上还常常有匾额和对联，例如洞天胜景、玄牝、清虚等字样，其内容同本宫观的历史和信仰有关，而其字迹大多出自名家之手。因此，这些匾额和对联也是道教继承中华传统文化和发挥教化功能的体现。

图 127 棂星门

问： 为什么说宫观是神仙所居之地？

答： 道教宫观的主体是供奉神灵的殿堂。殿堂里大多塑有神像。道士在殿堂里做早晚功课或者演习科仪；道教徒在殿堂里祈拜神灵，向神灵忏悔罪过，诉说祈愿。神灵降临时，也是驻足于殿堂、依附于神像接受朝拜，聆听祈愿。因此，道教徒将宫观视为神仙所居之地。《洞玄灵宝三洞奉道科戒营始》有“置观品”称：“法彼上天，置兹灵观，既为福地，即是仙居。布设方所，各有轨制。”意思就是，宫观建造都是仿照神仙世界，宫观就是神仙所居的地方。

问： 道教宫观一般怎样布局？

答： 南北朝以后，道教宫观的规模逐渐扩大，宫观内的殿堂和殿堂设施也逐渐复杂起来。据《洞玄灵宝三洞奉道科戒营始》卷一记载，道教宫观“造天尊殿、天尊讲经堂、说法院、经楼、钟阁、师房、步廊、轩廊、门楼、门屋、玄坛、斋堂、斋厨、写经坊、校经堂、演经堂、熏经堂、浴堂、烧香院、升遐院、受道院、精思院、净人坊、骡马坊、车牛坊、俗客坊、十方客坊、碾硙坊、寻真台、炼气台、祈真台、吸景台、散华台、望仙台、承露台、九清台、游仙阁、凝灵阁、乘云阁、飞鸾阁、延灵阁、迎风阁、九仙楼、延真楼、舞凤楼、逍遥楼、静念楼、迎风楼、九真楼、焚香楼、合药堂等，皆在时修建，大小宽窄，壮丽质朴，各任力所营。药圃果园，名木奇草，清池芳花，种种营葺，以用供养，称为福地，亦曰净居”。可知在隋唐时期，道教宫观内殿堂名目已经很多，内容十分丰富。殿堂的功能也已区分得相当细致。大约在元代以后，道教宫观建筑布局逐渐趋于一致。据研究，道教建筑常由神殿、膳堂、宿舍、园林等四部分组成，其总体布局基本上采取院落形式，即以木构架为主要结构，以“间”为单位构成单座建筑，再由单座建筑组成庭院，进而以庭院为单元组成各种形式的建筑群。大型宫观的平面大多呈长方形，面南。在宫观南北向中轴线上，一般设置主要的殿堂，例如山门、灵官殿、配殿、主殿以及住持或方丈起居修持的方丈室。在中轴线的两侧建有厢房，或作配祀神仙的拜殿，或作为信徒服务的经堂和花厅。在道士生活区域设有膳堂和仓房等。有的大道观还建有棂星门、华表、旗杆、献殿、拜殿、戏楼、戒坛、藏经楼和花园等。（图 128）某些山上的道观，由于无法形成大面积的长方形平面，因此常常因地制宜，依山而建，道观总体布局并不拘泥于方形或长方形。（图 129）

图 128 浙江金华黄大仙祠

图 129 甘肃崆峒山药王洞道观

问：道士的生活区为什么要和奉祀区隔离开来？

答：道教宫观从功能区分大致由两部分组成，一为奉祀神灵之殿堂，此为道观的主体建筑，形制较大；二为道士生活之居室，包括方丈室及道士各种生活用房，此为道观的附属建筑。主体建筑中，必有一二座主殿，处于突出位置。而附属建筑中，除了方丈室和客堂比较注意陈设以外，一般生活用房都十分简朴。而且，殿堂和生活用房必须隔离为两个区域。这是因为殿堂是神仙居处，而生活用房是终生奉祀神灵的下属道士修道的场所。（图 130）据《洞玄灵宝三洞奉道科戒营始》，神仙殿堂“或刻凤雕龙，或图云写月，或倒芰植荷，莲池华海，或明珰皎璧，镂槛文轩，或丹墀碧砌，青锁绿纹，或金铺银扃，霞梁云栋，或日窗月牖，阴户阳扉”，一派华丽庄严。而道士生活用房“务存清素，远弃骄奢，须从俭省，所居之处，皆不得华丽靡曼，床席器玩，并须敦朴，不得同俗，使内外开通，表里无拥。不得以帘幔帷幌而自隐藏。其绳床几拂、如意香炉法具，常安左右。凡诸非法器服玩弄，皆不得畜。此道士之重戒”。

图 130 修道之余下棋会友

问： 散居道士的居所为什么称为“道院”？

答： “院”指院落，道院即学道人居住的院落。与道观相比，道院的规模要小得多。而且，道观是神仙下降时居住的地方，道院只是学道人居住的地方。道院中可能也设置神龛、神位，但只是为了道士供奉祭祀，并不接受十方信众的祭拜。在历史上，道院还经常附属在道观中，作为道观招待来观修道的俗家人士的居处。唐代朱法满《要修科仪戒律钞》中说道：“每观舍，应须精思别院，安置名德。中常集众，同在斋堂。若是远方行人来观居止，即须先问，欲何处居。才高行洁，精思别院。”别院就是道院的雏形。金元时期，不少儒生弃儒从道，黄冠道服，避隐草野，常以道院名其居。于是就有“长春道院”“大瀛海道院”“皇极道院”“开玄道院”“看云道院”“霖岩道院”“龙沙道院”“清宁报本道院”“天游道院”“文始道院”“玄真道院”“浙西道院”“杭州抱朴道院”（图 131）等。明清时期，道院成为散居在道观外的道士修道和生活的居处。散居道士大多属于正一道派，道士与家眷同住于道院内。由于道院发展扩大，有的道院采用道观体制，道士和家眷则迁居于道院外。道院的道士，农忙时务农，农闲时学道、修道或者为本地信众行斋醮仪式，并收取供养，以维持生活。

图 131 杭州抱朴道院

抱樸道

问：道教宫观的殿堂里为什么常挂有楹联和匾额？

答：道教宫观的殿堂里一般都有楹联和匾额。这些楹联和匾额常常是道观社会地位的标志以及文化品位的象征。进入道观，人们从楹联和匾额的内容以及书写人的身份可以立刻知道该道观的地位，并且懂得进入道观后应有的礼仪。（图 132）例如，四川青城山天师洞古常道观前有对联称："亭势翼然，占福地十分之一；道心得了，把瑶琴再叠而三。"从联语中人们知道青城山是道教十大洞天之一，是道教在西蜀的丛林；人们还知道此间道士以炼养内修、"琴心三叠"为主要活动。北京白云观是全真龙门派的祖庭，又是中国道教协会所在地，具有重要的社会地位。白云观丘祖殿有清代乾隆皇帝对联一副，联称："万古长生，不用餐霞求秘诀；一言止杀，始知济世有奇功。"联语中提到的就是丘处机以七十余高龄千里奔赴西域雪山，进言成吉思汗，一言止杀，立下了济世奇功。同时也确立了丘处机万古长生的神仙地位。由此，人们自然懂得白云观在道教特别是全真道历史上的重要地位。因此，道士们到白云观挂单参访自然要认真谨慎，遵守规戒，信众到白云观烧香求拜也要肃然起敬，礼貌周全。

有的道观尽管教内地位不高，但是为民众所熟知，社会影响很大。例如上海城隍庙、天津天后宫（妈祖庙）等庙观，它们的对联旨在劝导行善、教化民众。上海城隍庙大殿门口两侧有一副名联，联称："做个好人，心在身安魂梦稳；行些善事，天知地鉴鬼神钦。"天津天后宫的对联称："铜琵铁笛枭清风，入徵流商，应有蛟潜翻渤海；红袖翠钗舞皓月，鉴古证今，漫云蜃气现楼台。"这两副对联或者是规劝世人行善积德，或者赞颂神明保佑一方平安。这些道观香火旺盛，联语意义深远，游客和香客读了，久久不会忘记。

道教宫观的楹联一般都包含丰富的道教教义思想，并且采用精练的诗意语言和优美的中国书法加以表达，因此，道观内的楹联既是弘扬道教教义、教化民众的宣传工具，又是历史悠久的、有高度艺术品位的文化设施。人们参访道教宫观总是把品味殿堂匾额和联语作为一项重要内容。

图 132　河南开封天庆观门联

（二）
道士和道姑

问：　进入宫观，怎样称呼道士或者道姑？

答： 不论是在正一派还是全真派道观，人们见到的道教神职人员有两类。一类是男性的，可以称呼为“道士”“某道士”。由于道士一般识字有文化，信众也有尊称为“道士先生”或者“道长”的。一类是女性的，可以称为“道姑”。（图

图 133　武当山坤道（道姑）做法事

133）在难以识别性别的时候，信众也可以称道姑为“道士”或“道长”。对于一些年长的道士，人们也有尊称为“法师”或“某法师”的，而不问其是否真有法术道行。对于一些年长的道姑，人们也沿用佛教的俗称，尊称为“师太”。历史上，常见的一些道士称呼，如“黄冠”“山人”“炼师”等，多用于书面语言的特殊环境中，很少作为口头称呼使用。

问：道士的服饰是怎样的？全真道士和正一道士的服饰有什么区别？

答： 道士的服饰包括三部分，即道冠（帽子）、道袍（衣裳）、道靴（鞋子，包括袜子）。进入任何一个道观，看见道士的服饰，人们就可以大致判定是属于哪一个宗派。

图134　正一派道士服饰（乾道）

道冠。一般地说，正一派道士头戴的道冠称为“九梁巾”，其帽子式样类似瓦屋的屋顶，前面有九条直纹，纹宽约一指。现在正一派道士也有戴庄子巾的，其帽子式样也像瓦屋的屋顶，只是前面没有九条直纹，在帽檐下镶有长方形小块白玉。（图 134）全真派道士头戴混元巾，其帽子式样为圆形箍状。头顶有孔，露出盘束的发髻，上插玉簪。现在全真派道士也有戴庄子巾的，或者不戴道冠，只是束发作发髻，上插玉簪。（图 135）

道袍。一般而言，正一派道士和全真派道士在正式场合都穿斜襟长道袍，其袍长过膝。平时在道观中，因为要处理各种事务，所以道士多穿短道袍，其袍长及腰。正一派短道袍多为白色长袖对襟，某些沿海地区夏天穿的短道袍也有白色短袖对襟或深色短袖对襟的。全真派道士的短道袍，其袍长及腰，多为深色长袖斜襟。

道靴。一般来说，正一派道士穿白色布袜、圆口黑色布鞋；全真派道士穿白色布袜、黑色草鞋式布鞋。

正一派和全真派道士服饰色彩总体以黑色或深藏青色为基调，夏天以白色或蓝色为基调。

图 135　全真派道士法衣（乾道）

问： 道士是否必须出家？全真道士和正一道士有什么区别？

答： 全真派道士因为要住庙，断缘，所以必须出家，不能娶亲成家。出家的全真道士要遵守清规戒律，其生活和信仰活动由道观统一安排。

正一派道士可以出家住庙，也可以不出家，不住庙。有家的正一派宫观道士要遵守道观的清规戒律，每天按时到庙，做修持功课，为信徒举行斋醮活动，按时离庙。正一派散居道士有家和家室，主要为信徒举行斋醮活动，其信仰修持和规戒执行都依靠道士的自觉。

问： 宫观执事有哪些？

答： 根据明代朱权《天皇至道太清玉册》卷四的“古制宫观道士之职”，历史上正一派道观执事名称有三十种，即真人、祭酒、道录、道纪、道统、道正、道会、观主、提点、提举、副宫、副观、讲师、都监、玄义、知事、书记、谏议、监临、戒师、上座、掌籍、都表、监斋、法师、副表、直岁、表白、知库、司钥。

根据1934年的相关文献记载，历史上全真派道观执事名称有六十五种。除了方丈以外，还有都管、经主、贴案、钟板、总理、高功、面做（制馒头者）、杂务、都讲、忏主、告灯、夜巡、知客、殿主、庄头（管理本观所有地亩钱粮）、门头（监大门者）、巡照、知翰、行堂、水头、海巡（道士所止静之地曰海寮。海巡者，其巡警也）、书记、司钟、火头、巡寮、经堂、司鼓、柴头、值藏、主规（方丈拜神之时，专管执规之事）、汤药、纠察、值帐、主钵、老堂、迎宾、买办、侍者、园头、堂主（斋堂之主管）、值仓、知随（随行方丈之道士，知仪礼者）、值牲（喂养放生之畜类）、都厨、值库、护静（守卫静地者）、圊头、化主、点座（管理炊事）、碗头、童子、静主、饭头、磨头、茶房、茅庵、菜头、公务、客厨、塔院、值堂（管理道士饮食及斋堂一切杂事）、洒扫、行者、监院。一般全真丛林的执事有“三都五主十八头”。“三都”即都管、都讲、都厨。“五主”即堂主、殿主、经主、化主、静主。“十八头”即库头、庄头、堂头、钟头、鼓头、门头、茶头、水头、火头、饭头、菜头、仓头、磨头、碾头、园头、圊头、槽头、净头。另外，还有号房、监修、知客、主翰、买办、贴库、坐圜堂、洒扫、夜巡、巡山、行堂、杂务、钟板等职务称谓。

问：全真和正一宫观执事的名称是否相同？各有怎样的职能？

答：两派执事的职务可能雷同，但其名称不同，只有少量名称略同，例如：知宾和知客，知库和贴库。宫观主要执事的职能如下：

方丈，全真派宫观的最高领袖。“方丈”之称来自佛教，意思是处于一丈见方，但视野与胸襟无限，全真派沿用此名称。方丈由德高望重的年迈道士担任，因此，方丈之职实际上是荣誉职位。传戒期间，方丈任传戒律师，为受戒的戒子颁授戒律和戒牒。传戒以后，方丈则退居丈室，

精思道学，修持养性，并不执掌观内具体事务。（图 136）

住持，正一派宫观的最高领袖。住持也是佛教先用的名称，正一派道观沿用之。明代第四十三代天师张宇初《道门十规》中，有“住持领袖”一规，称：“凡名山福地，靖庐治化，丛林宫观，住持之士，或甲乙往还，或本山推举，必得高年耆德、刚方正直之士，言行端庄，问学明博，足为丛林之师表，福地之依皈者为之。”

监院，全真派宫观管理的总管。监院是道观的栋梁，道众的楷模，必须才智过人，道德齐备，功行卓著者才能担任。

知院，正一派宫观管理的总管。明代朱权的《天皇至道太清玉册》

图 136 方丈礼神

卷四称："知院，管道院一切事。"

都管，全真派宫观协助监院处理大小事务的执事名称。必须净心无私，忠心办事。

佥院，正一派宫观协助知院处理大小事务的执事名称。据《天皇至道太清玉册》，其管理事务同知院。

知客，全真派宫观内负责接待各地来观参访和挂单的道士的执事名称。要求"谦恭敬让，礼貌端庄，深知事务，通达人情，迎送必合清规，酬对要依玄范"。

知堂，正一派宫观内负责接待各地来观道士和参访信众的执事名称。《道门十规》称："五湖四海，高人羽士，或挂搭安单，栖冬结夏，设知堂一员，广于接待。"

库头，全真派宫观内主管宫观内一切斋粮供品、海味山珍、油盐酱醋、金银珠宝、财物器皿等的执事名称，要求出入有账，保管妥当。

都监，正一派宫观内主管宫观内库房存储和支用的执事名称。《道门十规》称："库堂则都监上座监临掌之。"

监修，全真派宫观内主管宫观内整修殿堂楼阁、河堤墙垣等事务的执事名称。必须懂得修造，刻苦耐劳，清明廉洁。

直岁、知库，正一派宫观内负责维护和修理宫观建筑、道路和林苑的执事名称。《道门十规》称："专设直岁一员，知库一员，每岁修补漏烂，整筑墙篱，洁净道路，肃清坛宇，蓄箓山林，使神明有所依栖，四众亦获安逸。"

主翰，全真派宫观内负责书写表状事务的执事名称。

书记，正一派宫观内主管道士学习和考试经典事务的执事名称。《道门十规》称："书记会众，举试道门经典，务要习熟谙通。"

巡寮，全真派宫观内，负责查管执事、抽补升迁、提调机密等事务的执事名称。必须由正直勤恳的道士担任。

掌籍，正一派宫观内主管本观道士和学道之士簿籍管理、度牒申报的执事名称。《道门十规》称："掌籍类名，申送道司，俟度牒开通，依例申名，朝廷关给，方可簪披为道士。"

上述道观内执事名称，在中国大陆道观中一直沿用至今。只是由于社会变迁、事务内容变异，或者人手不足、事务减少等原因，有部分执事名称已不再使用，或者又新增部分执事名称。

在中国香港特别行政区内，由于历史原因和现实需要，道观的组织系统已经现代化，其管理方法同道观的传统管理制度有很大的不同，因此，执事的设置和名称也不同。（图 137）

图 137　香港道教界举行庆祝香港回归法会

问： 道士进入一个陌生的道观有什么规矩？

答： 道士进入一个陌生的道观是有各种原因的。当代道士到一个陌生道观，有的是为了参访、游览，有的是为了学习、取经，有的则是为了云游歇脚、寻师访道、短期挂单。如果只是单纯游览，不必惊动本观道士，只要像一般信众一样，烧香叩头，参观游览，结束后离观而去就可以了。如果是为了学习、取经，一般要预先通知，约定时间，抵达道观以后，要烧香叩头，礼拜神灵，然后同接待道士谈话交流，讨论准备学习的内容。取经结束时，接待道观会礼貌地招待食宿。如果是全真道士云游歇脚、寻师访道、短期挂单，那么只有全真十方丛林道观才有资格接待。挂单时，按照丛林接待程序，知客会询问游方道士有关信仰、经典、出家道观、师承关系、清规戒律等种种问题，游方道士必须耐心而清楚地给予回答。否则，丛林有权怀疑游方道士的挂单目的而不予接待。

问： 和道士或道姑交谈时应该注意哪些礼仪？

答： 进入道观，同道士或道姑就可能见面交谈。其交谈礼仪，首先是称呼，不论是道士或者道姑，一般都可以称呼为“道长”，对于年长的道长一般可以称呼为“法师”。其次是招呼，一般的招呼可以双手抱拳作揖。抱拳的姿势是右手握拳，左手在外抱住拳状右手。《道德经》第四十二章的“万物负阴而抱阳”，右为阳，左为阴，左手抱住右手，就是“负阴而抱阳”的意思。右手的大拇指靠于左手虎口，左手大拇指插于右手拳中空隙,形成类似于太极图的阴中有阳、阳中有阴的图形。道门中招呼的抱拳作揖，一般举拳于胸前，上下作揖，并不弯腰。(图138)再次是言谈。言谈切勿涉及道门禁忌。如果遇到的是出家道士或道姑，不要褒贬在家。如果是在家道士或道姑，不要褒贬出家。言谈不要询问道士或道姑的年龄、出身以及个人经济状况，以免引起误解。交谈过程自始至终要保持对道教信仰的尊重、对道士或道姑的尊重，切忌鄙视和轻佻。

图138 抱拳作揖礼

（三）
参访常识

问：　如果有布施给道观，应该怎样给付？

答：　在参访道观时，信众可以自愿给道观以布施，为自己积累无量功德。给道观布施的信众被尊称为“施主”。施主的布施可以分为两类。一类是专项布施，或者在道观整修时，捐助修复殿堂梁柱、屋面、门槛、台阶等；或者在神像修复时，捐助塑像、彩绘、贴金、衣披等；或者在举行大型法会时，捐助供品、纸马、娱神大戏费用等；或者在弘道工作中，捐助经书和弘道书刊的印刷、发行费用等。这类布施，道观都会在有关专项上为施主公示芳名，并为施主祈祷祝福。另一类是一般布施，信众烧香叩拜神灵以后，可以在神像前的功德箱中，不留姓名自由投币捐助。无论数量多少，都是信众虔诚供养，功德无量。如果是大额布施，施主也可以在殿堂旁边的写愿处，留名布施。信众如果需要收据，也可以向道观索取。道观接受信众布施，主要用于道观的日常开销、道观维护整修以及各种弘道事业和社会慈善事业等。根据道门清规，任何来自十方的布施都不允许变成道士的私产。违反此项清规的道士将被逐出道门，交付社会按法律惩处。

问： 道教宫观和坛场有哪些主要的法器？

答： 法器又称“法具”，是道教宫观以及科仪中使用的各种用具的总称。《三洞奉道科戒营始》说道：“凡法具，供养之先。道士女冠，威仪之本，不可阙也，并备诸经。但在观中及私房内，供养之者，总名法具。”宫观和坛场中使用的法器种类很多，可以分为两类：一类是属于宫观道士供养使用的，包括殿堂中的钟磬、帐座、幡盖（图139）、旌旆、香炉、灯台、烛台、坛纂、门榜、神案（图140）等，也包括道士在生活区内使用的绳床、夹膝、如意、麈拂和澡罐等（图141）；另一类是在科仪中使用的，包括令旗、法剑、法尺、

图139 幡盖

图140 神案

图 141　五老冠、莲花冠、如意、手香炉

图 142　水盂、法剑、令旗、法尺、令牌

铜镜、令牌、水盂以及铃、鼓、铙、钹、磬、木鱼等。(图142)殿堂上供养神灵的法器,务必精雕细刻、金碧辉煌。而道士生活中使用的法器,则要求素朴简单、讲究实用。《三洞奉道科戒营始》指出,凡出家之人,“务存清素,远弃骄奢,须从俭省。所居之处,皆不得华丽靡曼,床席器玩,并须敦朴,不得同俗”。不论是哪一类的法器,都必须保持清洁整齐,以表示修道人对神灵的崇敬以及自己身心的洁净。

问：宫观殿堂和坛场为什么要保持清洁和整齐？

答：宫观殿堂是神灵居处，坛场是道士沟通神灵的场所。这两处都是神灵莅临的处所，所以必须保持整洁。因为值殿的道士和行仪的道士，都负有诵经礼忏、沟通神灵的职能，所以道士的衣服和行止都要保持清洁和整齐。《要修科仪戒律钞》说："超出尘累，依庇法城，晨夕勤修，离邪归正，以洁法服，乃可朝真。秽渎亵裳，如何谒圣。""道众威仪，事在严整。衣服清洁，轨行可观，则生善心，诸天称叹。"

问：宫观如何同信徒建立较为密切的关系？

答：宫观同信众的关系，具体体现在道士同信众的关系之中。历代经籍和道教规戒都要求道士同信众保持适当的距离，这是为了让修道的道士不受世俗事务的干扰和情感波动的影响。唐代朱法满的《要修科仪戒律钞》就批评"诸初入道，戒行未全，依倚村坊，不住观舍，上无尊德可畏，下多狡猾为朋。访引儿女，同床坐起，歌笑嬉戏，饮酒食肉，俗人见之，通生秽慢，乃谓名德俱应。若斯如此之类，是灭道法，破他信敬"。当今的时代和过去不同，人与人的关系比起过去要密切得多。《云笈七签》说："古之学道为己，今之学道为人。"这就要求今天的道士学道、修道，不仅为自己，也要为别人。所以，今天的道士同信众之间有一种服务和被服务的关系，这种关系自然会比较密切。一些道观不仅建立起固定的门徒联系，还在举行大型宗教活动前，及时通知信徒。遇到道观重大活动，住持还会邀请本观的门徒或者信徒代表座谈，听取意见，商量办法。为了防止出现关系的偏差，道观将道士和信徒的关系建立在宫观和信徒的关系的基础上，也就是将道士给信徒的服务项目全部纳入宫观管理，防止道士同信徒建立私人利益关系。对于道士而言，他们应该正确处理与信徒的关系，严格遵守规戒。

问：　**道教宫观能否采用当代生活出现的新技术和高科技产品？**

答：　当代社会发展迅速，其发展不仅体现在社会思潮波涛汹涌，也体现在物质生活变化多样，新技术和新产品层出不穷。处在这样一种社会环境中，道教宫观能否采用新技术和高科技产品，也是当代道教能否适应时代的标志。事实上，许多宫观也都已经采用了这些高新技术和产品。理由有二，一是从道教神学思想上说的。道教信仰“道”，而“道”就是发展和变化。世界上的一切都是“道”的体现，而变化和发展正是世界上一切事物共同具有的基本特征。“道”不是不变的，而是开放的、发展的、变化的。因此，任何新技术和新产品都是人对于“道”的新认识的成果，我们都应该对人类对道有新认识表示欢迎，并且及时利用，以方便我们的传道和弘道。二是社会既然采用了新技术和新产品，道教界如果闭门守旧，就不能适应当今社会的发展。

图 143 学电脑

从这个意义上说，道观添置汽车、电话、传真机和手机，办公使用电脑及其辅助设备，或者在弘道中使用多媒体等（图 143），都是顺应“道”的发展和变化，都是为了弘道和传道的需要，都是为了适应当今飞速发展的社会生活及其节奏。当然，在添置新技术产品的时候，我们要注意节约，要能够使用、善于使用。添置过于豪华，是违背天意的。添置了又不珍惜使用，也不符合太上“啬”的教导。

问：道教宫观的法物流通包含怎样的内容，它的盈利作何用处？

答：一些规模较大的道观大多设有法物流通处。法物流通处里一般陈列三类法物供信众选购。一类是方便信众烧香叩拜的法物，例如香烛、金银纸（即元宝、锡箔等）、香炉、烛台等。一类是供信众选购的金银饰品和玉石饰品，例如经过本观

图 144 为财神像开光

法师开光的金银和玉石首饰、护身符、金属或烧瓷神像等。开光是指由高功法师对神像以及法物、饰品等施法，使之获得神性（即能对信众起护佑作用）的仪式（图 144）。一类是供信众选购的各种弘道书刊、画册、音像制品和字画等。在部分作为旅游景点的大道观中，法物流通处还附带供应游客所需的茶水、点心等生活用品。法物流通处的职能是为参访本观的信众的信仰活动服务，并不以营利为目的。但是，当今社会是商品社会，在商品流通过程中不可避免地会出现盈利或者亏损。道观的法物流通出现的盈利归常住所有，并不落入个人腰包。道观获得有限的盈利，用于道观日常开销和维护、整修道观以及作为社会公益事业和弘道经费等。

（四）
祭拜常识

问：　道观经常举行的科仪有哪些？

答：　到道观参访祭拜，除了可以祈祷神灵和游览殿堂以外，还有一项重要的内容，那就是可以参与或者观赏道观举行的斋醮科仪。斋醮科仪，一般可以区分为三类。一类是日常仪礼，即除了戊日以外，每天举行的早晚功课。一类是节庆仪礼，即本观供奉的神灵的圣诞节庆，例如：供奉慈航大士的道观，每逢农历二月十九日、六月十九日和九月十九日都会举行庆祝慈航大士诞辰、得道和升仙的节庆法会；供奉玉皇的道观，每逢农历正月十五日玉皇诞辰要举行节庆法会；供奉东岳大帝的道观，每逢农历三月二十八日东岳大帝诞辰要举行节

图 145　中秋斗会（上海钦赐仰殿）

庆法会。在节庆日子里，道观都会举行祈福消灾道场。（图145）道观都会为参加节庆的信众诵经礼忏，上表祝愿。另一类是度亡仪礼。除了个别信众为了亲属单独举行超度仪礼以外，一些大道观在清明和冬至日都会举行集体度亡法会，让阳上亲属寄托哀思，也为新老亡魂拔离幽冥。道观都会为参加度亡法会的信众诵经礼忏、破狱炼度。只要熟悉道观举行科仪的时日，人们在参访道观时，就能够参与或者观赏到道观中独有的道教斋醮科仪。

问：　科仪坛场是怎样布置的？

答：　科仪坛场指的是道教举行科仪、奉祀神灵的场所，也称道场。如果科仪在道观里面举行，坛场可能设在道观经堂里（图146）。如果道士在道观外面行仪，坛场也可以设在村落中央、集镇附近，或者就设在信众家里。由于坛场是专为科仪设置的，因此，随着科仪结束，坛场也会随之撤销。港台地区，经常有地区民众集体“打醮”，打醮场所常常设在本区空地上，届时搭建临时大棚。这些大棚也随打醮结束而撤除。道士建坛场是为了在坛场里奏告天地、沟通鬼神，所以，坛场设置决不草率。历史上的坛场建置有许多规定，例如《灵宝领教济度金书》卷一称：“斋坛之制三层。内坛高三尺，方广还八尺，上安纂二十枚；中坛高一尺五寸，方广三丈，上安纂二十四枚；外坛以平地为之，方广四丈，安纂二十八枚。”

历史上还有“六幕十二堂”等建置。当今的道教坛场设置，往往只有三个部分，即经堂、灵堂和神殿。经堂指的是道士诵经礼忏、举行法事的场所，例如举行炼度、灯仪、拜斗仪等法事都需要足够的场地空间。灵堂指的是安放亡魂灵位、叩拜亡魂的地方。道教超度亡魂的某些法事需要在灵堂里进行，例如上供、度桥、解冤释结等法事，就需要面对亡魂灵位进行。神殿指的是道士行某些法事前叩拜神灵的地方，这些神灵可能是道观神殿中原已供奉的，也有可能是临时奉安的。例如符召仪前必须叩拜张天师。天师的神位或者画像就安置在专门的神坛上。

图 146 庄严的东岳道场

问：“醮坛执事”有哪些？各有怎样的职能？

答：早期道教仪式简单，没有专门执掌仪坛事务的称谓。南北朝时期起，道教仪式繁衍增多，仪式事务逐渐增加，于是，仪坛事务的管理有了专门人员，即仪坛执事。南朝宋陆修静将仪坛执事区分为法师、都讲、监斋、侍经、侍香、侍灯等职务，世称仪坛“六职”。唐末五代时，杜光庭在《太上黄箓斋仪》中，将法师、都讲和监斋三职改称为高功法师、监斋法师和都讲法师，另外，又增加了知磬执事。明代《天皇至道太清玉册》中，将“醮坛职名”增加到十五名，即高功（图147）、都讲、监斋、侍经、侍香、侍灯、炼师、摄科、正仪、监坛、清道、知炉、知磬、词忏和表白。仪坛执事的名称和多寡随着社会发展、科仪条件和规模而变化。目前高功、都讲和监斋法师等三职，常统称为“三法师”，而都讲和监斋法师承担的职务也逐渐被代替，因此，执事分工似乎并不严格。另外，在一些道场中，常设有一名总管，处理道场的一切经忏事务，协调道士和斋主的关系，为斋主和行仪道士服务。各地道门对于此职并无统一名称，有称“法务接待部部长”“法务部主任”“科仪部主任”等。

图147 高功江至霖大师净坛场

问：　拜神为什么要烧香？

答：　香是道教宫观和斋醮仪坛上的供品，以粉状香料加上填充料，湿制成珠状、块状、线状或盘状，晒干而成。一般燃点于神位前或亡人灵位前。燃香能散发特殊香气，给人以神圣感觉或形成神秘的氛围。中国古代祭祀无香但要烧烟，大约在南北朝时期，道教开始将香作为修道奉神的用品。《陆先生道门科略》提出，“奉道之家，靖室是致诚之所”，其中“唯置香炉、香灯、章案、书刀四物而已”。香炉当是供焚香通神之用。烧香的目的就是“天真用兹以通感，地祇缘斯以达言。是以祈念存注，必烧之于左右，特以此烟能照玄达意，亦有侍卫之者宣赞词诚故也”。宋代道教文献中，有将香烟飘荡的方向与降神联系起来的说法。《要修科仪戒律钞》称：“然百和之香以破秽。”“烧香醮五帝，看流芳所归。气正上中央，黄帝先降；气东流者，青帝先降；气南流者，赤帝先降；气西流者，白帝先降；气北流者，黑帝先降。”道教科仪多包含上香礼请神降的内容（图148）。全真派《广成仪制》的《言功设醮全集》有献香一节称：“夫此香者，

图148　拈香

乾坤毓秀，山岳钟英。清奇质赋予自然，雕琢非由于人力。百和补爇，列圣遥歆。”其颂香云：“一种至灵根，出类超群。体涵清净价连城，热向玉炉熏法界，圣域遥闻。”

问： **拜神敬香是否越多越好？香越贵越好？**

答：拜神敬香不在于香的贵贱、烧香多少。为了表示虔诚，有的香客购买昂贵的“高香”，或者把香堆成“香山”供奉。作为个人的爱好和虔敬，本无可非议，只是考虑到环境保护，返朴归真，进道观敬香，提倡点三支即可，三支香分别代表道、经、师三宝。当然，也可以根据自己的愿望，选择“平安香”“福禄寿香”等燃敬。（图 149）

图 149 信徒敬香

问： 怎样选择拜神的供品？

答： 中国古代的祭祀必须在祭坛上安置供品。《礼记·曲礼》说道："天子以牺牛，诸侯以肥牛，大夫以索牛，士以羊豕。"由此可知，中国古代祭祀的供品数量庞大而且有严格的等级区别。道教宫观坛场中的供品，历代要求并不一致，各地也因物产差异而有所不同。但其总原则是：一要量力而行。明代朱权《天皇至道太清玉册》称："凡建醮须是量力所为，富则备物，贫则随宜。所市醮需，毋用非义之财及与人争较价直之物。及力有余而苟且营办，力不及而勉强经营者，皆为不诚，难于感格。"二是精致干净。南宋金允中《上清灵宝大法》称："时新果实，切宜精洁。旧仪建斋则逐日易之，不用石榴、甘蔗之类及秽泥之物，枝上净果为佳。上帝三宝前列茶汤果实供养如法，六幕并将吏神祇前备斋馔净食之类供陈之上。及荐献神真，下及道众，饮食并须洁净，不用酥乳、醍醐、酢酪等物，皆为荤或六畜皮毛爪甲，毋堕饮食中。禁猫犬禽兽之畜污犯坛中。"三是道教供品主要有五种，即香、花、灯、水、果（图150）。对于"斋食"，"大凡造斋供面，须是自造，当从淘洗

图150 时令水果供品

麦处下手理会。又如庖人，要身体洁净。况庖者腥膻熏蒸，自不知觉，须预令洗濯衣服沐浴，然后从事，及备新布巾，贮盆水，常叮咛洗手，以至蒸笼炊布，皆用新者”。当今道教宫观的供品大致能按道经要求办理。只是在一些度亡法会期间，在信徒自办的供品中，中西食品和娱乐物品悉数供奉，五花八门，无奇不有。人们对当代亡魂享用之优厚常感叹不已。

问： 祭拜结束为什么要烧纸钱和元宝？

答： 中国古代祭祀仪式有用玉帛作为供品的。祭祀结束时，将玉帛埋于祭祀地，或将玉帛粉碎后埋于地下。汉代时，改玉帛为铜制真钱，埋铜钱于祭祀地。魏晋以后，又改真钱为纸制假币，并在祭祀结束时烧化。唐代封演《封氏闻见记》有“纸钱”条称：“纸钱今代送葬，为凿纸钱，积钱为山，盛加雕饰，异以引柩。按古者享祀鬼神，有圭璧币帛，事毕则埋之，后代既宝钱货，遂以钱送死。”后周世宗驾崩时，发引之日所用金银钱宝均为纸钱。其大如碗口，黄色的印“泉台上宝”，白色的印“冥游亚宝”，这可能是后世使用黄白纸钱的开始。民间后来又出现了在纸上涂薄锡的锡箔，用时折叠或糊成元宝形，以纸袋盛装烧化。民间还将纸钱分档次，祭神时，烧化金色的元宝纸钱；祭祀亡魂时，烧化银色的锡箔纸钱。港台地区，使用金色纸钱时，还要根据神位高下有所区别。当今道观为防火和净化空气，一般不提倡在道观中焚化纸钱、元宝。

问：　人去世以后，为什么要为亡人“做七”？

答：　“做七”，也称“斋七”“理七”“烧七”，是道教超度亡人的仪式。旧俗，信道的家庭，亲人去世后，一般都要为之“做七”。以人死之日起算，第一个七日，称为“头七”。“头七”之前，设置灵坛，上挂亡人照片，坛上安放木制灵位，每日哭拜，早晚供祭。从“头七”起，每隔七日大祭一次。依次至第七个七日，即“七七”。然后，在第六十天时祭祀一次，再在第一百天时祭祀一次。一般在百日之时就烧化灵位，撤掉灵坛，取下亡人照片。在七个七日中间，丧家通常比较重视“头七”“五七”和“断七”（即七七），有的还在当日延请道士为亡人举行超度法事（图151、152）。按照民间的说法，亡魂非常孤独，而且怀念生前吃过的人间美食，所以每隔七天要回来一次，以享受亲人们祭祀的食物。道教有一个“上供”的仪式，就是专门召唤亡魂来享受供奉的人间佳肴。过了“七七”，亡魂回家的间隔越来越

图 151 “做七”时举行度桥仪式

图 152 “做七”化纸

长，表示亡魂离开阳上亲属越来越远，对人间的思念也逐渐淡化。按照道教说法，“做七”是怀念已故亲属的魂魄。因为，人之初生是以七日为腊，一腊而一魄成，经七七四十九日而七魄具；而人死则以七日为忌，一忌而一魄散，经七七四十九日而七魄泯灭。因悲痛亲人魄散，故逢七加以祭祀和怀念。

问： 看风水是否是道教的法术？

答： 近年来，随着中国城市规模的扩大和房地产业的发展，改建旧房和建造新房的人越来越多，于是看风水的旧俗也悄然走红。因风水先生通常都使用罗盘，而罗盘上又有八卦图像，所以人们常以为看风水是道教信仰的内容。其实不是。道教中人可能会看风水，但是，看风水并不是道教的法术。看风水，古称堪舆术。今存明《道藏》中并无堪舆经典。

中国古代的堪舆术包括两个部分，即为活人看住宅（阳宅）的风水，和为死人看坟墓（阴宅）的风水。堪舆术主要是为住宅和坟墓等勘定方位，以趋吉避凶。“阳宅”和“阴宅”的选择，大约在周代就有记载。西汉时期堪舆术大致形成。两汉时期，堪舆术甚为流行。魏晋南北朝时期，曾经出现过一些著名的堪舆家，如管辂、郭璞等。唐宋时期，堪舆术形成江西和福建两派。江西派以山水地势来定吉凶祸福，或称形势派、峦头派。福建派以方位卦理来定生克吉凶，或称方位派、理气派。明清及民国以后，福建派影响逐渐减小。直到今天，江西派即形势派仍居堪舆术的主流。只是，古今堪舆圈内的人，都同道教的历史、现状无关。

问： 求签是否是道教的法术？

答： 求签虽然不是道教的法术，但是是道教徒的宗教行为。明《道藏》中收有“签书”八种，即《圣母元君灵应宝签》《玄真灵应宝签》《江东王灵签》《四圣真君灵签》《洪恩真君灵签》《灵济真君注生堂灵签》《扶天广圣灵签》和《玄帝感应灵签》。求签起源于古代的占卜术。《易经》原来就是占卜用书，用《易》占卜，都是卜国家和历史的大事。周代又有以“策”占卜。用“策”占卜，都是“博小物”，即个人小事的意思。因此，汉代就有以“策”占卜的记载。南北朝时期，“策”更名为“签”，主要是为王公贵族服务。唐代时，签书和求签开始在民间流行。“签书”是供信徒求签时使用的。由于求签有一个比较复杂的祭拜过程，像询问神意等，因此，对求签者而言，求得的签书都是神的指示，可以用来指导自己如何面对生活疑难或如何为人处世。求签的行为符合道教的神灵信仰的要求，而签书的内容一般都是教化信徒去恶从善、扶正祛邪、与人为善、辛勤劳动。当今，港澳台地区道观仍设有签筒、签书，供信徒和游客占卜问事，其中以香港黄大仙祠的黄大仙签最为著名。

问：　算命看相是否是道教的法术？

答：　在参访名山宫观的时候，人们常常会看到山门外有算命看相的人兜揽生意，因此，世人以为算命看相也是道教信仰的内容。其实不是。道教中人，可能会算命看相，但是，算命看相并不是道教的法术。今存明《道藏》中，并无算命看相方面的典籍。中国古代的命相术起源于占星术，该术以占星来预测个人未来的命运。命相术也是以预言、预知为主要内容，只是以人的面相、骨相或出生年月日为根据。道教以天神为宇宙万物的主宰，天神主宰之意自然是“天机”。天机不可泄漏，泄漏就是违反天道自然，而命相术恰恰就是“泄漏天机”。因此，道教不以命相术为自己的法术内容。命相家们一般以鬼谷子和珞琭子为祖师或创始人，东汉王充的《论衡》已经对命相术有所批判。魏晋南北朝，命相术有了较大发展。当今流行的以人的出生年月日推测命运的命相术，是唐代李虚中（761—813）创立的。李虚中的命相方法在五代宋初得到徐子平的完善。徐子平提出的“四柱”（即八字）说，一直流传至今。只是，古今命相术圈内的人，都同道教的历史和现状无关。（图153）

图153　算命先生（20世纪20年代）

问：　哪些方术是道教不允许进行的？

答：　第四十三代天师张宇初在《道门十规》的第五条规戒中批评过当时的一些邪说。他说：“圆光附体，降将附箕，扶鸾照水，诸项邪说，行持正法之士，所不宜道。亦不得蔽惑邪言，诱众害道。”这里说到的“圆光附体，降将附箕，扶鸾照水”就是道教不允许进行的邪术。圆光之术大约在两晋时期就已经流行。其术用镜子或白纸，或者用麻油涂在手心，让一名小孩看镜子、白纸或手心，据称，从小孩看到的图像,可以猜测失落东西的方位或者预测将要发生的事情。“附体”就是“乩童”和“关亡”。乩童一般是神灵附体，关亡一般是亡魂附体。神灵附体，常常会有神灵传言，断人疑问。亡魂附体，常常会在生死间做些沟通。附箕和扶鸾，都是请天神降临来回答人的疑问。方法是用木头制成丁字形或者人字形的架子,在架子上插一支笔或木锥,称为“乩笔”。然后由两名乩童手执木架两端，悬笔于沙盘上。请神后，乩笔就在沙盘上移动，形成文字或图案。根据沙盘上的文字或图案，形成答案，例如人事的吉凶、疾病的预后等。照水流行于江西一带,据说其法是：一碗清水,向碗中投入白米,根据碗底组成的图形预测吉凶。

(五)
洞天福地

问： 什么叫“洞天福地”？

答： 道教对自然环境良好，适宜于修道的地方，起了一个特定的名称，就是“洞天福地”。洞天是指山里多有洞室，可以通达到天。福地是指在此修道即能得福的地方。洞天福地即世人通天的场所，也是祥瑞频生的福地。道教认为在这些

图 154 青城雪景

图 155 南岳衡山远眺

图 156 北岳恒山风光

地方修道就可以受福度世，修炼成仙。据唐代司马承祯《天地宫府图》，人间有“十大洞天”“三十六小洞天”“七十二福地”。

“十大洞天”，就是王屋山洞、委羽山洞、西城山洞、西玄山洞、青城山洞（图 154）、赤城山洞、罗浮山洞、句曲山洞、林屋山洞、括苍山洞。

“三十六小洞天”，就是霍桐山洞、东岳泰山洞、南岳衡山洞（图 155）、西岳华山洞、北岳恒山洞（图 156）、中岳嵩山洞（图 157）、峨眉山洞、庐山洞（图 158）、四明山洞、

图 157 嵩山中岳庙棂星门

图 158 庐山仙人洞

图159 武夷山桃源洞

会稽山洞、太白山洞、西山洞、小沩山洞、潜山洞、鬼谷山洞、武夷山洞（图159）、玉笥山洞、华盖山洞、盖竹山洞、都峤山洞、白石山洞、句漏山洞、九嶷山洞、洞阳山洞、幕阜山洞、大西山洞、金庭山洞、麻姑山洞、仙都山洞、青田山洞、钟山洞、良常山洞、紫盖山洞、天目山洞、桃源山洞、金华山洞。

“七十二福地”，就是地肺山、盖竹山、仙磕山、东仙源、西仙源、南田山、玉溜山、清屿山、郁木洞、丹霞洞、君山、大若岩、焦源、灵墟、沃洲、天姥岑、若耶溪、金庭山、清远山、安山、马岭山、鹅羊山、洞真墟、青玉坛、光天坛、洞灵源、洞宫山、陶山、三皇井、烂柯山、勒溪、龙虎山、灵山、泉源、金精山、阁皂山、始丰山、逍遥山、东白源、钵池山、论山、毛公坛、鸡笼山、桐柏山、平都山、绿萝山、虎溪山、彰龙山、抱福山、大面山、元晨山、马蹄山、德山、高溪蓝水山、蓝水、玉峰、天柱山、商谷山、张公洞、司马悔山、长在山、中条山、茭湖鱼澄洞、绵竹山、泸水、甘山、瑰山、金城山、云山、北邙山、卢山、东海山。

唐末五代杜光庭在《洞天福地岳渎名山记序》中称：“乾坤既辟，清浊肇分，融为江河，结为山岳，或上配辰宿，或下藏洞天。皆大圣上真主宰其事，则有灵宫秘府，玉宇金台。或结气所成，凝云虚构；或瑶池翠沼，注于四隅；或珠树琼林，疏于其上。神凤飞虬之所产，天泽马之所栖。或日驭所经，或星缠所属；含藏风雨，蕴蓄云雷，为天地之关枢，为阴阳之机轴。”司马承祯在《天地宫府图序》中也称：“道本虚无，因恍惚而有物；气元冲始，乘运化而分形。精象玄著，列宫阙于清景；幽质潜凝，开洞府于名山。……诚志攸勤，则神仙应而可接；修炼克著，则龙鹤升而有期。”这两段文字都说到，洞天福地是“结气所成”的，而“气”是“道”的运作，所以，洞天福地的产生是道气自然运作。在这里修道，“诚志攸勤，则神仙应而可接；修炼克著，则龙鹤升而有期”。从这个意义上说，道教的“洞天福地”正是道教的神仙世界和人间社会的连接点。保护好洞天福地的神圣、肃穆、清静和优美的环境，是实现道教理想的一个条件。不让洞天福地受到污染，也符合当今社会保护自然环境的现实要求。（图160、161）

图160　崂山太清宫

图161　锦绣崆峒

问：修道一定要进入深山老林吗?

答：早期道教的道士修道一般都在深山老林。东晋葛洪的《抱朴子内篇·登涉》篇开卷就说："凡为道合药，及避乱隐居者，莫不入山。"入山的原因，一方面是"山无大小，皆有神灵，山大则神大，山小即神小也"，在山林中修道，能够接近神灵，得到神灵庇佑；另一方面，深山老林远离社会，便于收心养性，减少欲望诱惑。不过，进入深山修道也有难处，一是有野兽干扰，二是容易得病，得病后难以及时治疗。随着社会的发展，人际关系逐渐紧密，即使进入深山修道，人也难以远离尘世。于是有人就提出，修道就是修心，需要修道人自我克制，因此，即使身处车水马龙的都市之中，同样可以修道，何必山林。如果没有控制欲望的能力，到哪里也不能修好道。元秦志安《金莲正宗记》记载刘处玄："先生独遁迹于洛京，炼性于尘埃混合之中，养素于市廛杂沓之丛，管弦不足以滑其和，花柳不足以挠其精，心灰为之益寒，形木为之不春。"刘处玄在都市中修炼同样得到正果。

问：北京白云观为什么号称"全真龙门派祖庭"？

答：北京白云观在西便门外滨河路，现为中国道教协会所在地。(图162)其前身是唐代天长观，创建于开元二十七年(739年)，金大定十四年(1174年)重修，改名"十方大天长观"。泰和二年(1202年)毁于火，次年重建，改名"太极观"。元

图 162　北京白云观牌楼

太祖十九年(1224 年),丘处机西游返京,在蒙古达官贵人的要求下,居于此地,更名为“长春宫”。“长春”是丘处机的道号。成吉思汗与丘处机分别后,曾传旨“朕未尝一日忘神仙”,所以蒙古朝野对丘极为尊重。丘处机以长春宫为基地,“建八会,曰平等,曰长春,曰灵宝,曰长生,曰明真,曰平安,曰消灾,曰万莲”,宫观内道侣云集,日渐兴盛。丘处机仙逝后,其弟子得长春宫东下院以葬之,从此称东下院为白云观。白云观一直由全真龙门派弟子执掌管理。元末,长春宫毁于兵火。明洪武二十七年(1394 年),燕王朱棣命令修复,因其破坏严重,乃就白云观基址重建。正统五年(1440 年),重建处顺堂,以奉长春真人。景泰七年(1456 年),道士邵以正又用两年时间建长春殿三楹,塑丘处机真人像于其中。据传,塑像之下有丘处机遗骨。另外还画有十八大师及祖师、先师之像于殿壁。

明清及民国时期，白云观一直是全真龙门派的祖庭，也是该派领袖的居住地。清代全真龙门派高道王常月就任白云观方丈，三次登坛说戒，度弟子千余人，培养了一大批龙门派的传道力量，使全真龙门道风盛行天下。在全真龙门派内，能够赴京拜谒白云观祖庭并挂单参访，是学道、修道的一项重要功课。各地也有以白云观命名的道观，如兰州白云观、上海白云观、重庆缙云山白云观等。

问： **龙虎山为什么号称“正一派祖庭”？**

答： 1993 年，《中国龙虎山天师道》一书《序言》说到龙虎山：“山以龙虎为名，当指水似龙游，山如虎踞。天师据山川形胜，筑以府第，传有六十余代，既是中国文化传承之象征，亦为道教传播不绝之明证。天师道徒向以龙虎山为天师道祖庭，授经传箓，演习不衰。历千余载，龙虎山始终保持着其对于天师道徒的深刻而巨大的影响。”龙虎山是道教的第三十二福地，原名“云锦山”，在江西省鹰潭市南。相传东汉和帝年间（89—105），张陵为寻找修道的地方，带领弟子到了江西鄱阳，这时候有双鹤指引，将天师带到云锦山。张陵在山三年，炼成大丹，青龙白虎缠绕其上，于是更名为龙虎山。当时，张陵以六十多岁高龄带弟子到蜀地传道，创立了正一道。第四代天师张盛弃官自汉中还龙虎山，自此之后，天师世家一直居住于此。历代天师的居处称为“嗣汉天师府”。（图 163、

164)极盛时期,龙虎山方圆近百里内,有十大道宫、八十一座道观、五十座道院、十个道庵。最大的道观是上清宫。上清宫原是张盛回迁龙虎山后建立的传箓坛。宋真宗时改名“上清观”,赐帑扩建。宋仁宗、哲宗和徽宗时都曾重修。宋徽宗将观名改为“上清正一宫”,宫中学道、修道的道士曾达数千人。南宋理宗时,又扩建上清正一宫,形成六殿、二阁、三馆、二堂的建制。东西还建造道院数百楹。元代皇帝也曾五次修建上清宫。至大三年(1310年),武宗改“上清正一宫”为“大上清正一万寿宫”。明朝曾七次修建上清宫。上清宫规模宏大,气势雄伟,雕梁画栋,金碧辉煌。

图163 天师法印

图164 正一派祖庭龙虎山天师府

清代时,大上清宫曾大修一次,零星修建数次,形成了二宫(上清宫、斗姥宫)、十二殿(玉皇殿、后土殿、三官殿、三省殿、五岳殿、四渎殿、文昌殿、天皇殿、关圣殿、紫微殿、斗姥前殿、斗姥正殿)、二十四院落的规模。大上清宫曾拥有香田、山林、池塘等土地七千余亩,年收租谷以作为大上清宫常持费用。近百年来,大上清宫屡遭劫难,但是,大上清宫的遗图仍在,元朝铸造的大钟仍存,还有部分残碑。改革开放以来,嗣汉天师府已整修一新,并且恢复对海外道教徒的授箓活动。1995 年 12 月,中国道教协会在天师府举行正一派道士的授箓仪式,标志着龙虎山天师府的正一派祖庭地位得到了海内外正一派道士的一致认可。

问: 茅山为什么号称"上清宗坛"?

答: 茅山,道教称为十大洞天的第八洞天,七十二福地的第一福地(图 165),在今江苏省境内,古称"句曲

图 165 茅山洞天福地照壁

图 166 三茅真君画像

山”“地肺山”，又名“冈山”。汉代时，茅盈、茅固、茅衷三兄弟在此修炼得道，升仙后，世称“三茅真君”。（图 166）东晋时，魏夫人降授杨羲、许谧，在茅山创上清派。其后，陆修静、陶弘景搜集和整理上清系统经典，从神学思想、内修方法、科仪符箓等各方面对上清派的发展作出了重大贡献。隋唐时期，王远知、潘师正、吴筠、司马承祯、李含光等都先后在茅山修炼和著述。高道辈出，人才济济，使上清派的神学思想更加精密，其内修方法也在社会上广泛传布。宋元时期，茅山又有刘混康、蒋宗瑛和道教诗人张雨等，对于当时的朝廷和社会保持着相当的影响。据元代编撰的《茅山志》，茅山上清派从开创到元代有完整的四十五代宗师传承。茅山“静一法派”，按照法派传承字谱，至今已传承八十一代，即“懋”字辈。（2024 年数据）有如此明确的法脉传承关系,并且能一直传承至今,在中国道教各山、各派之中极为少见。因此，茅山号称“上清宗坛”毫不为过。茅山成为上清宗坛，还有一个重要原因，就是茅山地处南京的东南，距离南京仅几十公里，地理位置上极具优势：古时，从中原南下，或从东南进京，不管是走陆路还是水路，都必须经过茅山。清末太平天国起事前，茅山九峰三十六洞，方圆 30 多平方公里内，有大小宫观 257 座。其后百年中，历经战争和动乱，茅山宫观被严重毁坏。经过多年的努力，依靠政府领导、社会贤达的支持，茅山现已恢复江南道教胜迹的面貌。茅山九霄万福宫,即顶宫，其灵官殿、祖师殿、二圣殿、父母殿和藏经楼等都已修葺一新，半山的元符宫，即印宫，重

图 167　茅山元符万宁宫老君像（现代铜像，高 33 米，重 206 吨）

新布局，重建恢复，还建造了高达33米的太上老君铜像（图167）。进入茅山，就可以遥望手执羽扇，容貌慈祥的太上老君。被日军烧毁的乾元观，亦已恢复。每年香期，从江苏各地到茅山进香的香客络绎不绝。

问：江西西山万寿宫为什么号称“净明宗坛”？

答：西山万寿宫，又称“玉隆万寿宫”“妙济万寿宫”，在今江西

图168 净明宗坛西山万寿宫

省南昌市新建区逍遥山（即南昌西山）。（图168）相传晋代许逊弃旌阳县令之官职后曾在此地修炼飞升。后人为纪念许逊，遂建许仙祠，唐代改名为“游帷观”“铁柱观”。宋代敕封许逊为“神功妙济真君”，升观名为宫。宋徽宗时仿照洛阳崇福宫重建，有三廊、五阁、七门、七楼、十八殿、三十六堂，御赐“玉隆万寿宫”匾额。元代焚毁。明清时陆续重修。现存建筑为清同治年间（1862—1874）重建，有前三殿、中三殿、后三殿、戏台、山门等建筑。宋元时期，刘玉、黄元吉等都以此宫为中心，传布净明道，故世称“净明宗坛”。

问：　青城山天师洞为什么供有三皇像？

答：　青城山是道教第五洞天，“宝仙九室之天”。青城山在四川省都江堰市西南，主峰老君阁海拔1260米，周围20多公里，全山有三十六峰、七十二洞、一百零八处胜景。相传张陵在鹤鸣山创立道教以后，曾到青城山驱邪弘道，至今留有三岛石，系张天师挥剑除邪时试剑所留，巨石耸立，竖面平整，宛如刀削，上刻“降魔”二字。山有石缝如槽，传为张天师画符毕，掷笔于山所致。半山建有古常道观（图169）。古常道观始建于隋代，唐时称“常道观”，宋代改名为“昭庆观”。主要建筑有三皇殿、黄帝祠等。三皇指的是伏羲、神农和黄帝。三皇像都是石雕神像。伏羲像高约1米，坐姿，长发披肩，头顶有肉髻，身披有树叶联制的披肩和围裙。神农像高约1米，坐姿，须发卷曲，头顶两侧各有一肉髻，身上亦披有树叶联制的披肩和围裙，手持药草。黄帝像高约1米，坐姿，头戴冠冕，身穿帝装，一手抚膝，一手握腰带。古常道观有三皇殿表明，道教作为中华民族自己的宗教，尊奉中华民族共同的人文始祖。黄帝、伏羲和神农就是中华民族的始祖。历代史籍除了具有道家倾向的《史记》外，只有道教编撰过《轩辕本纪》传世，也只有道教设立殿堂奉祀三皇。道教为弘扬民族精神、提高民族凝聚力，世世代代、默默无闻地作出了自己的贡献。

图169 青城山古常道观

图 170 武当山太和晴雪

问：　武当山为什么被称为中国第一道教建筑群？

答：　武当山（图 170），又名“太和山”，道教七十二福地之一。在湖北省丹江口市西南，北通秦岭，南连巴山，方圆 400 余公里，人称有七十二峰、三十六岩、二十四涧、十一洞、九泉、三潭、十池、九井、十石、九台，山势雄伟。相传真武灵应佑圣帝君（亦称“玄天上帝”“真武大帝”）（图 171）曾在此山修炼四十二年，后世信众认为只有真武大帝才能威镇此山，故称“武当山”。唐代以前，武当山尚无道观，入山修道者都只能居住在石室或茅庵中。唐代起，武当山开始建造道观。宋元两代皇朝崇信北方真武神，于是，以真武信仰为主的武当道教逐渐兴盛，大批道士进山修道，建有一批宫观。明代时，明太祖和明成祖都称曾得真武神助，民间崇敬真武大帝更甚。在明代皇室的支持下，武当道教发展达到鼎盛。永乐十年（1412 年），明成祖命工部侍郎督军人和民工三十余万人进入武当山，大建宫观，历时十二年，建成了一批雄伟壮丽、风格不一的道教宫

图 171　武当山真武大帝（明代铜像）

观殿堂，其宫观建筑从北端的净乐宫到天柱峰顶的金殿，绵延七十余公里，计有八宫、二观、三十六庵、七十二岩庙、十二亭、十祠，房舍共达 2 万多间，建筑面积达到 160 多万平方米。武当山庞大的道教建筑群中，著名的宫观有玉虚宫、遇真宫、元和观、磨针井、复真观、玉虚岩、紫霄宫、南岩宫、太和宫、金殿等。其中，金殿除了殿基为花岗石岩以外，殿堂墙壁和屋顶都由铜铸部件铆接、拼焊而成。殿高 5.5 米，宽 5.8 米，深 4.2 米。外鎏赤金，光彩夺目，是我国现存最大的铜建筑体。明代以来，尽管武当山道教时有兴衰，但是道观香火从未中断，至今仍是道士云游参访的重地，也是华中地区道教徒朝山进香的圣地。

问：　楼观在中国道教史上有什么重要地位？

答：　楼观在陕西省周至县。相传周代时尹喜在此地“结草为楼，精思至道”。老子西游时，应尹喜之请，在楼观写成《道德经》交付尹喜，传布于世。因此，楼观被视作道家著作发端之地。大约在秦始皇的时代，楼观就建有老子清庙，汉武帝时，又建有尹喜祠，以供朝廷祭祀之用。两晋时期，楼观开始建造道观殿堂，植树万株，赐给田户。北朝时期道士多聚集在此地，形成楼观派。楼观派道士崇奉太上老君和《道德经》，尊《灵宝经》，兼修内外丹法和符箓治病等法术。由于楼观道士曾经支持李渊起事，加上李氏宗室视老子为其先祖，因此，唐代时，楼观得到大规模的扩建，唐高祖还亲自率领后妃和百官到楼观祭拜老子，并改名“宗圣观”。北宋时改称“顺天兴国观”，元时改称“宗圣宫”。明清时期屡有增建。楼观前有四子堂和文始、三清两殿。后有宗圣宫。宫后有台踞于高岗上，即老君说经台（图 172），或称“升天台”。因此，楼观在中国道教创立和传布的历史上具有重要地位。今为全真派道观，原方丈任法融曾任中国道教协会会长。

图 172 楼观说经台

问：　泰山有哪些著名道观？

答：　泰山是中国五岳中的东岳，古称“岱山”，道教尊为第二洞天，即蓬玄洞天。主峰玉皇顶海拔 1545 米，绵亘在济南和泰安之间（图 174）。在津浦铁路泰安站向东望去就可以看见泰山的巍峨雄姿。古人尊泰山为五岳之长，众山之宗。古代帝王在即位之初或者太平年岁都要赴泰山祭拜天地、祈求福祥，有的还要举行封禅大典。汉代和魏晋时期，泰

图 173　东岳泰山

图 174 泰山岱庙天贶殿

山已经有道士修道的记载。北魏时，泰山已经建有岱庙，即东岳庙（图 174）。唐宋时期，建有青帝观、王母池（群玉庵）、升元观、天书观（乾元观）、斗母宫（龙泉观）、碧霞元君祠（灵佑宫）、玉帝观、会真宫等。元明时期，建有长春观、三阳观、酆都庙、万仙楼、灵应宫等。极盛时，世称“佛老之宫，群灵之府，倚岩缘谷，比比皆是”。今存岱庙、红门宫、万仙楼、斗母宫、碧霞元君祠、玉皇殿等处。碧霞元君祠在登顶必经之处。每逢香期，朝山香客和游客如云。祠内供奉泰山女神碧霞元君铜像，两侧存有明代铜碑，一为泰山天仙金阙铜碑，一为敕建泰山灵佑宫铜碑。

问：　上海城隍庙因何而得盛名？

答：　“上海城隍庙”既是上海道教的主要道观之一，也是著名的旅游景点名（图175）。不过，其成为景点名也是因为该地有著名的上海城隍庙。明代洪武六年（1373年），秦裕伯被封为上海城隍。永乐年间（1403—1424）改上海城内金山神庙为上海城隍庙。金山神庙原来奉祀汉代博陆侯霍光，改为上海城隍庙后，前殿奉祀霍光，后殿供奉城隍神秦裕伯。其后，历代多有增修。清代康熙年间（1662—1722），庙东兴建东园，构亭筑榭，堆山凿池，栽花植树，供信众和游客游玩栖息。

图175　上海城隍庙山门

乾隆年间(1736—1795),庙西又纳入旧豫园,上海城隍庙庙基扩增至近五十亩。嘉庆年间(1796—1820),城隍庙周围商铺林立,形成了商贸、园林和道教庙观汇于一处的格局,一直延续至今。光绪丙午年(1906 年)刊刻的《沪江商业市景词》有《城隍庙》词一首称:"城隍庙内去烧香,百戏纷陈在两廊。礼拜回头多买物,此来彼往掷钱忙。"正是古今上海城隍庙地区繁荣的写照。1994 年,上海城隍庙恢复开放。经过两期修复工程,如今上海城隍庙殿堂庄严,庙貌辉煌。每逢节庆之日,上海城隍庙香烟缭绕,香客如潮。

问: 香港地区有哪些著名道观?

答: 香港和九龙在历史上曾经归辖于广东番禺、新安和宝安等县,原来只不过是穷乡僻壤、人烟稀少、民众生活贫困的荒岛和半岛。明代时期,道教传入香港和九龙地区。现存香港道教庙观中,兴建于清代的有屯门青云观、大屿山鹿湖普云仙院、上环文武庙、长洲北帝庙、湾仔北帝庙、元朗旧墟玄关二帝庙和元朗八乡元岗众圣宫等。1967 年香港道教联合会成立,现有以道观为单位的团体会员约七十个。其中著名道观有:
黄大仙祠,即"啬色园",地处九龙东北部竹园区、狮子山南麓。1921 年广东西樵道士梁仁庵、梁钧转父子来港时修建。原是私人修道场所,1956 年正式对外开放。因崇奉

图 176 香港青松观

图 177 香港圆玄学院

赤松黄大仙,故又名“赤松黄仙祠”。主殿重建于 1971 年,奉祀黄大仙,有朱砂画像,无塑像。神龛后有黄大仙神迹木刻屏。黄大仙祠以求签问卜闻名于港。一般认为,黄大仙观是香港道教香火最旺的道观。青松观(图 176),全真龙门派道观,地处九龙西部屯门青山麒麟围。1949 年由陆吟舫等 18 人创立,起初设于九龙伟晴街,1952 年迁弥敦道。1962 年,侯宝垣主持庙务,在屯门修建新观址。主殿纯阳宝殿华丽精巧,供奉主神吕纯阳,陪祀全真祖师王重阳和丘处机。1970 年,青松观又在九龙深水埗大南街兴建道场,建立香港道教学院和慈善医疗所。1977 年后,在美国、加拿大、澳大利亚和新加坡等华人聚居地创建海外青松观。

圆玄学院（图 177），1951 年由赵聿修等创立于九龙沙田，后迁建于九龙荃湾三叠潭。院名之“圆”指佛，“玄”指道，“学”指儒。主殿是三教大殿，供奉释迦牟尼、太上老君和大成至圣先师孔子。另有关帝殿、吕祖殿，供奉关帝和吕纯阳。荷花池中有 3 米高的汉白玉净水观音塑像。楼阁精致，环境优美。圆玄学院内墙上有“南无天元太保阿弥陀佛”十个大字。“南无”是梵文译音，表示尊敬。“天元”指日月星，即道教天、地、人三元。“太保”指儒家三公。“阿弥陀佛”隐含佛教西方三圣(即阿弥陀佛、大势至菩萨和观世音菩萨)。这十个大字是圆玄学院崇信三教合一思想的体现。蓬瀛仙馆（图 178），全真龙门派道观。1929 年由何近愚等创建于九龙新界粉岭，世称“香港全真龙门派开派之宗”。1977 年扩建旧大殿玉清宝殿，供奉太上老君、吕纯阳祖师和丘长春祖师。1985 年扩建三圣大殿。全馆雕梁画栋，巍峨庄严，入馆依石级而上，如登仙境。蓬瀛仙馆致力于道教文化建设，开展全方位的弘道工作，创办道教文化资料库网站，开发中英文道教网页，在香港开设“道通天地”电视节目，出版“蓬瀛仙馆道教文化丛书”，连续多届举办有大陆及港澳台地区道教界参加的道教音乐会演。

图 178 香港蓬瀛仙馆

问： 台湾地区有哪些著名道观?

答： 台湾自古就是中国的领土。中华民族的先民们自古就往来海上，开拓宝岛。尽管在历史上，宝岛曾经两次被外国侵略者占据，但是，最终还是回到了祖国的怀抱。道教在台湾的传播大约起于明末。清末，台湾地区城市逐渐形成，民众生活安定，道观也逐渐增加并成规模。（图179）据台湾学术界的统计，1960年台湾有道教庙观2947所，1981年有4229所，1985年增至5673所。道观虽多，但著名道观却不多。主要有：

台湾首庙天坛，原名“天公埕”“天公坛”“天公庙”。（“天

图179 台南开台天后宫

公”是台湾民众对玉皇大帝的俗称。)1983 年改现名。坐落在台南市。台南在清代一直是台湾的首府，是台湾的政治、经济和文化中心。当时台湾和大陆的联系也以与台南最为密切。郑成功收复台湾时，曾经在今首庙天坛地址上祭告天地，其后每年正月初九，此地都会举行玉皇圣诞庆典。(图 180)1854 年建庙，称“天公坛”，供奉玉皇大帝、斗母、三官、南北斗、张天师、妈祖圣后、三清、关帝、文昌、观音等神灵。全庙石材全部来自大陆，雕刻细密，造型古朴，堪称精品。

指南宫，又称“仙公庙”，在台北市文山区木栅指南山山腰上。(图 181)海外有人称指南山为台湾道教的大本山。清光绪年间(1875—1908)山西永乐宫吕纯阳神像被迎奉到台北地区。1890 年在指南山兴建指南宫。1920—1959 年间又多

图 180 台湾天公诞醮会盛况

图 181 台北指南宫

次扩建重修。指南宫依山而建，从山下抵宫门有千余级石台阶，按吕祖"三教同体"设置，有孚佑帝君殿奉祀吕纯阳祖师，凌霄宝殿上层供奉玉皇大帝、三官大帝，中层供奉三清和王母娘娘，下层为中华道教学院，大雄宝殿奉祀释迦、阿弥陀佛和药师佛，大成殿奉祀孔子，殿宇宏伟。每逢香期，上山烧香的信众扶老携幼，络绎不绝。

北港朝天宫，亦称"北港妈祖庙"，在云林县北港镇，供奉天后妈祖。相传创建于清康熙年间(1662—1722)，因遭到地震破坏，于1905年重建。朝天宫是中国宫殿式建筑群。宫门前有广场，四进。正殿供奉圣母妈祖，两厢供奉注生娘娘和福德正神。另有观音殿、三界公殿、文昌殿、圣父母殿。宫内至今保留有康熙年间制作的妈祖天后冠。1985年朝天宫被定为台湾省二级文物。

台湾府城隍庙，坐落在台南市。初建于明代末年。清康熙年间由台湾府知府重修，清代和民国期间屡次重修。正殿奉祀台南府城隍神，坐像垂拱，面容不愠不快，淡泊无为，恩威并济。同殿陪祀有七爷、八爷以及二十四司、文武判官。后殿供奉观音、地藏菩萨和注生娘娘。据统计，台湾城隍庙共计有29所。除了台南府城隍庙以外，新竹城隍庙也负有盛名。

高雄道德院，台湾坤道修道的道观，在高雄金狮湖风景区。1960年由郭腾芳创建。由于香火旺盛、信徒众多，该道院逐年增建。前殿为无极圣殿和太极圣殿，后殿为三清圣境和玉皇宝殿，旁有太乙殿供奉太乙救苦天尊。后殿依山而建，底层有布道讲堂和静修道场。高雄道德院弟子都素食道装，独身住庙，类似于大陆全真坤道院的建制，在台湾道教界具有重要的影响。

第九章

近现代道教以及道教的传播

问： 请问中国近现代道教的情况如何？目前道教的传播情况怎样？

答： 1840 年鸦片战争以后，随着外来宗教天主教、基督教新教的传教日盛，特别是太平天国起义的打击，作为中国传统宗教的道教和佛教日趋式微。中国近现代道教，从 1911 年辛亥革命开始，力图适应社会变革以求得维系和振兴。1912 年 7 月，北京白云观住持陈明霦邀集承德太清宫、上海白云观、千山无量观、西安八仙宫、武昌长春观等十八名全真宫观代表在北京白云观成立中华民国道教

图 182 中华道教总会上海市分会第一届理监事就职典礼留影（1944 年）

会。由于出席代表都属全真派，因此，中华民国道教会只是一个全真派的组织。同年 9 月，江西龙虎山第六十二代天师张元旭趁到上海参加世界宗教会之际，在上海召集上海正一派道观和苏州、无锡、常熟、松江、嘉定、镇江、川沙等地部分正一派道观代表，举行了中华民国道教总会及中华民国道教会江西本部驻沪总机关部成立大会。上海的中华民国道教总会只是一个正一派的组织。（图 182）北京和上海的两个道教组织，尽管想跟上时代，但由于思想上并没有认清时局变化的意义，经济上缺乏有力的支持，特别是缺乏一支能够领导道教适应时代的干部队伍，因

图 183　上海市道教会第一届理监事宣誓就职留影（1947 年）

此，两个组织都没有形成权威，都不能组织道教界成为民国时期有影响的社会力量。1946 年冬，第六十三代天师张恩溥在上海发起筹备成立上海市道教会，次年道教会成立（图 183），刊行由道教学者陈撄宁起草的《复兴道教计划书》，拟开展讲经、道学研究、救济、科仪等八个方面的复兴活动，但受当时的条件所限，未能施行。民国时期，全真派道士李理山在杭州、上海等地传教，陈撄宁在上海为《扬善半月刊》撰稿、编辑《仙道月报》，提倡“仙学”，两人虽有一定影响，但无力扭转道教的颓势。另外，由于社会经济衰竭，山居的道教宫观难以生存和维持，香火稀少，

图 184　上海市道教界第一次代表会议全体代表留影（1957 年）

图 185　上海道观新年香火鼎盛

建筑倾圮。一些道士下山还俗。土地革命、抗日战争和解放战争时期，还有部分山居道士投身革命，为中华人民共和国的建立作出了贡献。1957 年中国道教协会正式成立，之后各地先后建立地方道教协会(图 184)。从此，中国道教走上了健康发展的道路。特别是 20 世纪 80 年代末以来，随着宗教信仰自由政策的贯彻落实，各地宫观很快得到恢复和重建，规模更胜旧时。中国道教学院的建立，《中国道教》的正式刊行，道教传戒、授箓制度的恢复，各种道教学术研讨会的开展，以及中国道教学者走出国门与世界道教学者、宗教学者自由交流，等等，都展示了当今中国道教的风采。可以说，改革开放以来，我国经济繁荣、政通人和、信仰自由，这是中国道教史上最好的发展时期之一。(图 185)

图 186 马来西亚吉隆坡九皇大帝庙

图 187 新加坡韭菜芭城隍庙

道教从创立起，就开始在我国部分民族地区传播。唐宋以来，中国道教逐渐传播到海外，先后传到朝鲜、日本、越南和南洋的印度尼西亚、马来西亚、新加坡（图186、187）等国家，特别是近百年以来，道教经典（包括敦煌道教遗经）受到外国政界和学界的重视，翻译成多种文字，形成了欧美道教文化研究的热点，其中尤以老子《道德经》的翻译和研究最为普遍。

问： 辛亥革命时期道教为适应社会变化做过哪些努力？

答： 中国封建社会，在辛亥革命摧枯拉朽的冲击下，分崩瓦解了。中国社会发生了急剧变化。面对变化，中国南北道教界的有识之士意识到道教必须适应时局变化。1912 年 7 月，由北京白云观等发起成立的中华民国道教会，在《道教会宣言书》中列举了当时道教"硁硁自守、顽石难移"的问题，企图"力挽颓风，表彰道脉，出世入世，化而为一，务求国利民福，以铸造优秀高尚完全无缺之共和为宗旨"。同年 9 月，江西龙虎山第六十二代天师张元旭在上海发起成立中华民国道教总会。两个会分别代表全真派和正一派，但没有形成全国统一的力量，亦未能扭转道教日益衰微的局面。民国初年，曾发生"庙产兴学"的风波，就是在提倡"教育救国"的同时，要求将道教宫观改为学校，兴教办学。为了顺应历史潮流，改变形象，道教界在联名要求民国政府落实宗教信仰自由政策、归还庙产的同时，也有过一些慈善事业方面的举措。

问： 李理山对中国近现代道教有哪些影响？

答： 李理山（1873—1956），是近现代著名的全真派道士（图 188）。江苏南通人。幼年出家于杭州玉皇山福星观，通晓经典和科仪，熟练道门内修之术和内家拳法。1893 年出任玉皇山福星观住持，1939 年在上海创建玉皇山福星观上海分院，任住持。1941 年在上海接手正一派道观迎禧庵，扩大玉皇山福星观上海分院之规模。1947 年任上海市道教会理事长、杭州道教会理事长。1948 年兼任上海白云观住持。李理山对于近代江南全真道教的发展有很大影响。他一生并未留下著述，这与他认为任何著述总不免带“观念、偏见和陈腐的东西”有关。据与他有交谊的人回忆,李理山有不少灼见。例如，对于“永生”的理解，李理山认为：“生命一旦被永恒的道创造而生，就将永远延续。人类和一切智慧的生命形式在道的激励和滋养下就会永远以强大的力量从低处向高处升华。每一次上升，它们的觉悟慢慢开启，形态慢慢发展。这种发展或是一种新的形态的嬗变，我们称之为死亡，因为旧的表现媒介被丢弃了，而他们用凡人的眼睛却不能看见新的。但是因为整个宇宙，可见的和不可见的，是永恒的道，惟一意志的具体表现；而它们的本质就是神圣创造力，明显地这些不同的界是互相联系，交融一致的。因此，如果我们是单纯并且彼此和谐的，某些时候我们就能

图 188　前排严洪清、李理山（中）、艾朗轩

瞥见那些由爱或吸引将我们结合在一起的人。并且，无论何时，我们都能感觉到他们的亲近和慈爱的温暖，因为在我们的思想里没有了障碍或是时间。”对西方世界对道教的批评，李理山认为：“我们的道观和佛家的寺庙中都有很多的神，外国人常把它们叫作偶像，这是一个既失礼又不合适的名称。……在基督教的教堂里，肖像和雕塑被想象成曾经生活于人世的神性人物和圣徒的等同的代表，用以提醒昭示人们他们依然位居神圣至上的境界。……在道教和佛教中我们也这样做，你们所谓的上帝也来自于生成并滋养了这个世界的神圣的道。玉皇大帝是道在精神领域的众多显现之一，济公的塑像是这位和蔼可亲的圣人的写照，道士和尚都喜爱他。那些抽象意念的化身和神祇是道在自然中无限能力的象征。”

问： 陈撄宁对中国近现代道教有哪些贡献？

答： 陈撄宁（1880—1969），是近现代著名道教学者（图189）。原名元善、志祥，字子修，安徽怀宁人。“撄宁”二字，采自《南华真经·大宗师》：“撄宁也者，撄而后成者也。”自幼习儒，清末秀才，后考入政法学堂，因肺病辍学，习中医，自修道门养生功法。二十八岁后，即游历名山，寻师访道。民国初年抵上海，在上海白云观阅读《道藏》达三年之久。其后，在上海行医，参加《扬善半月刊》（图190）、《仙道月报》等的编撰工作，提倡“仙学”，并在上海参与多次道教组织筹备事宜。1953年移居杭州。1956年参

图 189 陈撄宁

与发起成立中国道教协会。1957 年被选为中国道教协会第一届理事会副会长兼秘书长。1961 年当选为第二届理事会会长。陈撄宁对当代中国道教有重大贡献。他的青年时代，正是中国社会急剧动荡,民众生活水深火热之时。道家文化既不被主流社会重视，更面临外来文化的无情挤压，因此，20 世纪上半叶的道家文化呈现出衰势，只是依靠扎根民间的中华文化的底蕴才得以艰难维系。陈撄宁的人生哲学是“达则兼利天下,穷则独善其身”,因此,陈撄宁在“其身”的范围内发挥着传承中华道家文化的作用。陈撄宁对当代中国道教的历史贡献有五个方面。一是通过寻师访道，研究《道藏》文献，整理道家文化历史遗产,创立“静功”功法，并直接使用于自身的养病和指导民众的养生健身。二是

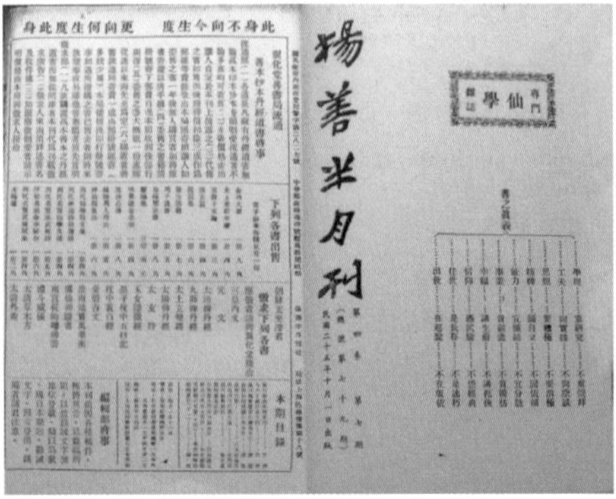

图 190《扬善半月刊》书影

在翼化堂创办《扬善半月刊》后，出任该刊物的主笔。陈撄宁的文字几乎占《扬善半月刊》全部文章的二分之一以上。在文章中，陈撄宁阐述了他的仙学主张，仙学成为20世纪上半叶中国道家文化的主要代表思潮。三是在道教受到鄙视、道家文化呈现衰势的社会条件下，积极参与和支持“中华道教总会”和“中华全国道教会”的筹备工作，拟订复兴道教计划，同时提出“仙学”学说，提倡“把仙术立于宗教之外”，将道家的优秀文化和修身养性之术维系和保存下去。四是在极其艰苦的条件下，培养和团结了一批学道、修道和从道的弟子和同道，使得道家文化在国家多事、人民多难的环境里也未曾中断传承脉络。五是在1957年中国道教协会成立以后，出任中国道教协会的副会长兼秘书长，后又任会长。在困难环境中，尽其所能地创办道教研修班，编写教材，成立道教研究室，出版道教协会机关刊物，并且在全国政协会议中介绍道家文化，协助各地道教协会做了大量工作，直到他孤寂地离开人世。

问：土地革命、抗日战争和解放战争时期，不少道士投身革命，能否作些介绍？

答：中华人民共和国成立之前，在中国现代革命史的各个时期，都有道教界人士出于各种原因而投身革命。在湖北的木兰山、武当山，湖南的衡山，江苏的茅山，广东的罗浮山等地都有一些道士的感人故事。

问：听说湖北木兰山的道长曾接待过红军，请介绍一下。

答：1927年以蒋介石为首的国民党右派，背叛国共合作的承诺，发动武装政变，大肆屠杀共产党人和革命群众。为了回击敌人，拯救水火中的人民，中国共产党人毅然发动了南昌起义和秋收起义、广州起义等，走上了“武装的革命反对武装的反革命”（斯大林：《论中国革命的前途》，《斯大林选集》上卷，人民出版社1979年版，第487页）的道路。1927年12月，中国共产党人领导的黄麻起义，遭到国民党军队围攻。一部分工农革命军突围到武汉黄陂的木兰山。山上道观住持万昭虚率领道众，热情接待工农革命军，为他们补充给养，挖草药，熬汤药，治疗伤病员。这支革命队伍经过休整，扩充，后来成为红四方面军的一部分。1984年，陈再道将军回忆往事，称颂木兰山道长支持工农革命的事迹：“木兰精神，万古长存。”

问：武当山道教是怎样支持武当山革命根据地的？

答：1931年，中国工农红军第二军由于受到机会主义路线的干扰以及国民党军队的围剿，遭遇严重困难。在改编为红三军后，贺龙出任军长，转战鄂西北地区，开辟了武当山革命根据地。武当山有明代建造的中国道教建筑群，史称“八宫二观，三十六庵堂，七十二岩庙”，极盛时期，山上有道士万余人。贺龙进入武当山时，首先派出政治部主任郭凡（即柳直荀）拜会山上道总徐本善，说明意图。在得到认可以后，贺龙又对部队约法三章，即尊重道教教规；保护武当文物，不损坏武当一草一木；做到马不入观，兵不扰教。红军开进武当山后，纪律严明，风貌高尚，同国民党军队和官员糟蹋、盘剥武当山道教的作风截然不同，给武当山道教徒留下了深刻印象，博得了一致赞赏和拥护。道总徐本善，号伟樵，河南杞县人。幼习儒学，及长学医，练拳法，入武当山紫霄宫出家，为全真龙门派第十五代弟子，在南阳玄妙观受三坛大戒。徐本善在武当山清整道教，制定教规，垦荒种田自养，四方募缘集资，维修宫观及山间石板路，使武当道教展现振兴气象。（图 191）红三军到达武当山时，徐本善率领紫霄宫道士五十余人，在东天门威烈观夹道迎

图 191 武当山紫霄殿

接，让出太子坡（复真观）、中观、下观等宫观给红三军驻扎。还主动腾出紫霄殿内住房作为红三军司令部，将西道院作为红三军后方医院院址。他还派出几名武术高强的门徒暗中护卫贺龙军长，派医术精湛的水合一、罗教培为红军伤病员治病。贺龙军长豪侠慷慨，见徐本善豪爽侠义，疾恶如仇，又知道徐本善有炉火纯青的武当武功，两人相谈十分投机，结为忘年交。此后，贺军长常给徐本善讲革命道理，徐本善则首破“武当拳不外传”的门规，为红军传授武当拳法。在得知国民党第五十一师将从汉江老河口处运送三船军火到郧阳时,贺龙军长马上派了两支小分队，直奔老河口，截取军火。徐本善得知后，请求配合行动，他带了八位武功高强的徒弟星夜下山，在老河口与红三军小分队会合，相机行事。押运军火的敌兵，一路防范甚严，即使打尖，船也远泊于江中。眼看截船计划要落空，徐本善急中生智，与徒弟装成化缘道人，在敌船经过的渡口逗留。敌船驶近江面时，徐本善高声呼唤，求其摆渡，并扬起钱袋，许诺支付高价。押船的敌长官见有钱财，就令船只靠岸，不等徐本善等上船站稳，马上来抢夺钱袋。徐本善等稍动拳脚，便将敌兵纷纷打瘫在船上动弹不得。此时隐藏在岸边的红军小分队，立即抢上船去，俘获敌兵，截获三船军火，运回武当山，补充了红军的武器弹药。贺军长深为徐本善与其道众的无私帮助所感动，临别时馈赠黄金二十两，作为修缮武当宫观之资，并以徐本善道号“伟樵”作藏头对联一副相赠。其联称：伟人东来气尽紫，樵哥西去云腾霄。同年 7 月，红军从武当山转移，但将许多伤病员留下。徐本善亲率道众上山采草药，煎熬汤剂，精心治疗伤病员至康复并护送他们归队。红三军转移后,徐本善惨遭国民党军杀害,道士王教化也被打得遍体鳞伤。中国革命胜利以后，道总徐本善被追认为革命烈士。王教化还将他珍藏的当年贺龙送给他的黄金在1950年亲自送到丹江口市委统战部。1953年,贺龙十分关心这些为革命作出过贡献的老道长,特地致电问候。此后,王教化道长被选为省人大代表、省政协委员,1980年当选为中国道教协会副会长，1984年6月任武当山道教协会名誉会长。武当山道士为支持工农红军，反对国民党镇压而献身的英雄事迹,为湖北革命史和武当道教史写下了光辉的一页。

问：抗日战争时期，湖南衡山有位道长喊出了“上马杀贼，下马学道”的口号，成为鼓舞中国道教界抗战的一面旗帜，请您介绍一下这件事情。

答：“上马杀贼,下马学道”，是南岳衡山三元宫住持刘光斗道长的豪言壮语。1937年7月7日，日本侵略军制造了“卢沟桥事变”，全民族抗日战争爆发。次日，中国共产党向全国发表了号召抗战的宣言，提出“只有全民族实行抗战，才是我们的出路……要求全国人民用全力援助神圣的抗日自卫战争”。中共部分领导，如周恩来、叶剑英等曾聚集在湖南南岳，共商抗日大计。南岳道教界人士积极投入抗日救国运动。1939年5月7日，南岳道教界同佛教界一起成立“南岳佛道救难协会”（图192）。刘光斗道长被选为副会长，当即喊出了“上马杀贼，下马学道”的口号。

图 192　湖南衡山南岳大庙圣帝殿

此后，南岳道观中的青壮年参加了军事训练班，学习军事知识，练习杀敌本领。一些有文化、有思想的道士还组成抗日宣传队，奔赴长沙、湘潭等地开展抗日救亡宣传活动，组成抗日服务团，奔赴前线为抗日将士服务。日本侵略军侵占南岳以后，一些道士还参加了抗日游击队，有的还在抗日战争中献出了自己的生命。

问：　抗日战争中的“茅山道院惨案”是怎样发生的？

答：　1938 年 4 月，新四军挺进苏南地区，开辟茅山敌后抗日根据地。由于茅山地形特殊，新四军指挥机构和战士大多驻扎在茅山各道观中。陈毅的支队司令部和政治部等就设在茅山乾元观（图 193）。陈毅在乾元观指挥战斗，开展抗日统一战线的工作。陈毅还多次同乾元观道士谈话，动员道教界“出家人也要关心国家，支援抗战”。年逾花甲的乾元观老当家惠心白道长看见新四军纪律严明、平易待人，便从心里支持抗战。乾元观道士为新四军买食品，打探日军的动静，协助新四军打仗，并积极投入医疗看护等工作中。陈毅见惠心白道长具有民族气节，对他非常敬重，常与他分析形势，增强抗日必胜信心。从茅山成为苏南抗日根据地开始，日本侵略军就在茅山上烧杀掳掠。1938 年 6 月 28 日，日军烧毁了建于宋代的白云观。白云观在茅山白云峰下，其北楼曾在 1918 年前后接待过为母亲守墓三年的康有为。日军还刺死了守庙的李明达、严明正等五名道长。1938 年 9 月起，日军集合二千余人，反复扫荡茅山。9 月 1 日，烧毁积金峰南的元符万宁宫（即印宫）三清大殿和西斋道院，杀死道士黎洪春和民夫多人。10 月 8 日，日军二次进犯元符万宁宫，杀死苏先俊、严先明、倪觉仁、陈道纯等六位道长。10 月 6 日，日军扫荡乾元观，火烧松风阁、宰相堂以及殿堂等，杀死老道长惠心白、道士陈容富、赵容山等共十二名道众以及五名民夫，将创建于齐梁陶弘景时代、历代多次重建、具有悠久历史的宏伟道观烧成一片焦土。10 月 8 日，日军又进犯茅山各道观，烧毁了二茅峰顶建于元代的德佑观以及小茅峰顶建于元代的仁佑观，烧毁了雷平山北麓的建于南北朝的玉晨观，进犯了茅山顶宫（即九

图 193 茅山乾元观残碑

霄万福宫)。(图 194)在将道士和民夫三十多人赶到山门口,准备屠杀时,新四军及时赶到,日军仓皇逃走,才使众人幸免于难。由于日本侵略军的反复扫荡和烧杀,茅山道院受到了毁灭性的摧残。许多千年古观只剩下断墙残垣。这就是苏南抗日战争史上有名的“茅山道院惨案”。

图 194 茅山九霄万福宫今貌

问: 广东罗浮山道教界是怎样支持东江纵队的?

答: 当抗日烈火在华南大地上燃烧的时候,广东罗浮山道教徒从 1939 年 1 月起就积极投入抗日游击战争中。罗浮山五大道观的道众掩护游击队员,传递情报,积极支援东江纵队。当时,东江纵队司令部就设在罗浮山冲虚古观里(图 195),东纵的政治部则设在白鹤观。1940 年 6 月

图 195 广东罗浮山冲虚古观三清殿

东江纵队还在白鹤观召开过增城和博罗地区各界代表座谈会，罗浮山的道教徒也有代表参加。罗浮山道友参加抗日民主政府的各项活动，有的还加入了东江纵队。抗日战争胜利后，东江纵队北撤，国民党军队对罗浮山地区进行残酷报复，罗浮山道友们在白色恐怖下，仍继续支持留下的游击队，掩护地下党员。冲虚观的几位道友，为了掩护一名地下共产党员，被严刑逼供，最后献出了宝贵的生命。

问：解放战争时期，听说华山道士为解放华山作出了贡献，能否介绍一下？

答：当解放战争席卷全中国，中国革命节节胜利的时候，各地道众也在为解放贡献自己的力量。人们常常以电影《智取华山》中有特务装扮成老道士为例，以为道教徒在解放华

山过程中只有负面作用。其实，历史事实恰好相反。1949 年 5 月，在国民党军队依仗华山天险，负隅顽抗的时候，华山道士叶文兴和杨效礼等，为夺取华山的解放军战士指引登山险路，侦察敌情，看押俘虏，搬运武器，引诱敌军进入黄甫峪加以迫降，等等，在解放华山时作出了不可替代的贡献。（图 196）

图 196 华山东道院

问： 1957 年中国道教协会成立，这对于道教的发展有什么意义？

答： 1949 年，中华人民共和国成立。1956 年初，沈阳太清宫方丈岳崇岱等倡议建立中国道教协会，得到了全国道教徒的积极响应，也得到政府部门的赞同。1956 年 11 月，道教界知名人士岳崇岱、陈撄宁、易心莹、乔清心、孟明慧等二十三人发起，在北京举行会议，成立中国道教协会筹备委员会（图 197）。会议通过了《中国道教协会发起书》，号召："为了团结全国道教徒在爱护祖国、积极参加社会主义

图 197 中国道教协会筹备委员会委员合影（1956 年）

建设和保卫世界和平的事业中进一步贡献我们的力量，为了协助政府贯彻宗教信仰自由政策，并进一步发扬道教优良传统，我们觉得需要有一个全国性的道教组织。”1957 年 3 月 5 日，中国人民政治协商会议第二届全国委员会第三次会议开幕。中国道协筹委会主任岳崇岱被增选为特邀委员。周恩来主席接见了岳崇岱委员。岳崇岱在全国政协全体会议上发言，提出：“道教是中华民族固有的宗教，他深入民心，虽时有兴衰，而民间的信仰则是普遍的始终未断……自解放后，政治转变了，社会光明了，各地道教徒经过一系列的学习，参加各项社会活动，觉悟大大地提高了，扭转了过去消极厌世、不问政治的思想，知道团结群众，发扬热爱祖国的精神，与全国人民一道同有选举权和被选举权，有光荣的政治立

图 198 朱德副主席接见中国道教协会成立会议代表合影（1957 年）

场，并能参与国家的大事。这是历史上从来没有过的。”岳崇岱表示今后要团结全国的道教徒，爱护祖国，积极参加社会主义建设和保卫世界和平事业，协助政府贯彻宗教信仰自由政策。1957 年 4 月 8 日，全国各宗派、各名山宫观及道教学者等九十二人在北京召开了道教界第一次全国代表会议，正式成立中国道教协会，选举了第一届理事六十一人。（图 198）岳崇岱任会长，会址设在北京白云观。中国道教协会的宗旨是：团结和教育道教徒爱国爱教，积极参加社会主义建设，发扬道教优良传统；反映道教界的情况和问题，提出建议，协助政府贯彻宗教信仰自由政策。中国道教协会成立的意义在于，这是中国道教两千多年历史上出现的第一个有广泛代表性的全国性的道教团体。中国道教协会的成立标志着中国道教有了自己的社会团体，形成了一股社会力量，能够代表全国道教徒，联系和团结全国道教徒，继承和发扬道教优良传统；并在人民政府领导下，爱护祖国，参政议政，积极支持国家的社会主义建设，参加保卫世界和平运动，协助政府贯彻宗教信仰自由政策。中国道教协会的成立标志着有着悠久历史的道教掀开了新的一页，开始跨越宗派、跨越地区的阻隔，团结一致，谱写历史的新篇章。

问： **为什么说改革开放以来是中国道教史上最好的发展时期之一？**

答： 1978 年中国共产党第十一届三中全会召开后，中国开始进入改革开放的历史时期。从 1979 年开始，中国道教协会恢复工作。1982 年中共中央颁发了有关宗教问题的一个重要

图 199 中国道教协会成立四十周年庆典合影（1997 年）

图 200 全国政协主席李瑞环亲切接见闵智亭道长（1998 年）

文件，即《关于我国社会主义时期宗教问题的基本观点和基本政策》。在党和政府的宗教信仰自由政策贯彻和落实以后，中国道协召开了多届全国代表会议，会议一次比一次年轻化，一次比一次有实效，出现了近现代中国道教从未有过的生气勃勃的复兴景象。（图 199、200）主要有六项：一是收回被占用的道教宫观和产业，重修和新建一些重要的道观。20 世纪 80 年代以来，在道观修复方面的投入是近百年来道教史上从未有过的。二是大力培养道教神职人员，即道士。现在除了北京的中国道教学院以外，还有专门培养全真坤道的南岳衡山的道学院，专门培养正一派道士的上海道教学院，还有各地自行举办的道学院，培养道士以适应

图 201　中国道教协会出版的书刊

图 202《中华道藏》部分书影

各地急需。其中 80 年代初培养的人才，大多已走上了道教各级领导岗位。三是恢复全真派的“放戒”制度和正一派的“授箓”制度，加强道教的道风建设，完善教内组织管理。四是 1987 年起公开发行道教期刊《中国道教》，以增强道教和社会各界以及道教内部的沟通和团结，并且以期刊为阵地，向社会介绍道教，提高道教整体思想水平。（图 201）各地道教协会也先后出版了地方性的道教刊物，如《上海道教》《福建道教》《广东道教》《三秦道教》《龙虎山道教》等。五是整理和出版《中华道藏》（图 203）。《中华道藏》以明《道藏》为基础，增收部分敦煌发现的经卷，以现代

图 203　西安中国道教文化研讨会（1992 年）

标点方法标点并进行校勘和排印，供各宫观收藏。六是召开一系列教内外的道教学术研讨会和交流会，推动道教发展紧迫问题的学术研究，研究道教在当代社会条件下开展弘道和修道工作的基础和对策，例如：1992 年召开的“西安中国道教文化研讨会”（图 203），2002 年 11 月在上海举行的“道教思想和中国社会发展进步研讨会”，2003 年 11 月在福建泉州举行的“道教思想和中国社会发展进步研讨会第二次会议”，2004 年在湖南南岳衡山举行的“道教思想和中国社会发展进步研讨会第三次会议”，2007 年在西安、香港两地召开的“国际道德经论坛”等（图 204）。这些会议对于道教教义思想和道教文化的研讨，把道教的总体水准推进到新的高度。所以，道教界和学术界都有人说，改革开放以来，是中国道教史上最好的发展时期之一。

图 204　首届国际道德经论坛展出的 400 种《道德经》版本

问： 当前，道教应该如何与社会主义相适应，并保持自身的神圣性？

答： 当前，中国道教遇到了许多历史上从未遇到过的新问题。这些新问题归结起来就是，在社会主义初级阶段、在物质文明日益发展、社会关系更趋紧密的条件下，道教如何“入世”——既与社会相适应，又保持道教固有的神圣性的矛盾问题。一方面，社会主义精神文明要求，各宗教要发扬优良传统，使之成为社会文明的一部分，为创建和谐社会出力，如积极参与赈灾、助学等社会慈善事业（图 205、206）；另一方面，也要保持其固有的、核心的宗教教义，以满足信众的信仰需要。在当代道教的管理方面，道教协会采取的是社会团体管理办法，同其他社会团体的管理没有区别，一改历史上以方丈和住持为主的管理制度。现在道观一般都建立了民主管理委员会，可是管委会一方面要听方丈和住持的调遣，另一方面道观管理又照搬世俗办法，或采取上岗考核办法，

图 205 全国道教界向灾区人民捐款（1998 年）

或采取殿堂承包办法，等等，还没有与道观相适应的管理模式。另外，当代青年道士在成长中也出现了一些信仰、工作和生活上的问题。在当今社会“入世”潮流中，当代道士如何把握自己，如何坚定道教信仰，道教组织如何保持信仰组织特点等问题，需要从理论上探讨，制度上落实。我认为，道士的修道生活水平，应该总是处于社会总体水平之下的，道教中人应该永远是低调的。更何况今天绝大多数山居道士，其修道生活还十分清苦。道士的生活不能奢侈，更不能与社会攀比。道教组织要关心信徒、服务信徒，满足信徒的信仰要求。道观始终是神灵居住的地方，因此要严肃庄重。从这个意义上说，当代道教面对“入世”的潮流，既不要拒绝当代物质和精神文明的影响，又要坚持自己“出世”的特点，并且以“出世”的姿态保持道教的神圣性。这里的关键是一个学道人是否真正认识和理解道教的信仰，学道人的道心是否坚定，学道人是否将自己的精力真正放在弘道和修道事业上。

图 206 中国罗天大醮委员会向希望工程捐款（1993 年）

问：道教在中国少数民族中是怎样传播的？

答：在中国,信仰道教的人主要是汉族。中国是一个多民族国家，在这块土地上，有五十六个民族共同生活。因此，道教自创立至今的近两千年的历史上,一直在进行民族交流和融合。道教并不排斥这些交流和融合。《太上玄灵北斗本命延生真经》说,太上老君看到“众生亿劫漂沉周回生死”,这个“众生”包括“或居人道，生在中华，或生夷狄之中，或生蛮戎之内”。太上老君对他们都“以哀悯之心，分身教化”，并不分华夏、夷狄和蛮戎的差异,引导他们“心修正道,渐入仙宗”。魏晋南北朝以后，少数民族信仰道教的不乏其人，包括皇帝，如北魏太武帝。另外，道教也随着民族文化融合传播到了少数民族地区，并且同少数民族原有的信仰结合。例如：四川羌族地区在其固有的“白石崇拜”中，祭拜天地水神，祭拜玉皇,祭拜关帝。羌族地区有天师道散居道士(俗称“火居道士”)为信众行丧葬礼仪和祈禳仪式。云南白族地区在其固有的“本主崇拜”中，祭拜玉皇大帝、太上老君、文昌帝君、关圣帝君、八仙、张天师、丘处机真人等等。云桂黔彝族地区有的崇拜太上老君，并且有彝文的《道德经》。广西壮族地区有用“师公”和“仙婆”称茅山道士或梅山道士的，他们为信众行各类道教法事。云南丽江纳西族有道教庙观多所，最早可追溯到唐代，当地还有自称属于正一派或全真派的道士,其制度同汉族地区一样。湖南湖北地区的土家族，将道教信仰同本族固有的“三远祖”崇拜结合,祭拜“三清”、玉皇、王母、星神、雷公电母等。海南黎族地区，道教在清代时传入，取代了原始祖先崇拜，其祭拜祖先活动由道公（即三伯公）主持。东北满族地区，原有萨满教信仰，但是，随着入主中原，满族地区也出现了道教庙观，例如关帝庙、土地庙、城隍庙、天后宫等。一般认为，少数民族中吸收道教最多的是瑶族。瑶族崇拜的神灵除了盘王以外，几乎全部是道教神灵。瑶族的道士称师公或道公，属道教正一派。其仪式有瑶语经文，程式类似道教仪礼。云南洞经会是云南各族人民参加的群众组织，以宣讲《文昌大洞真经》而得名。《文昌大洞真经》是道教经典。洞经会每年要祭祀元始天尊、太上老君、玉皇大帝、文昌帝君、关圣帝君等道教神灵。其洞经音乐名闻世界。道教传入我国少数民族地区并同当地宗教信仰相互融合，这就发挥了中华文化加强中华民族凝聚力的作用。

图 207　外籍道士转天尊

问： 道教是怎样传播到海外去的？

答： 道教是中国土生土长的宗教，加上道教历来有“道不言道，道不外传”的传统，因此，人们一向认为道教只在本土流传和生存。其实，道教从唐宋以来就已传播至国外。国外不但有华侨建立的道观、华裔道士，还有外国人建立的道观和外籍道士（图207）。现在，人们知道美国、法国、英国、德国、马来西亚、新加坡、越南、澳大利亚等地都有道观（图208、209）。根据近年的研究，道教传播海外的途径，大致有三种：

一是“请出型”。历史上，中国曾经有过政治、经济和军事力量强盛的时期。当时，中国对于周边国家和地区曾有很大的影响力。周边国家也曾经派遣使者前来学习，

图208 马来西亚槟城青龙宫祀保生大帝

图209 新加坡韭菜芭城隍庙新年过平安桥活动

或者请中国派使者前去传播中国文化、科学、技术等等。道教在韩国的传播,就是被请去的。唐代,在朝鲜半岛并立着三个国家(高句丽、百济、新罗)时,高句丽派使者到唐朝求道教。唐太宗派遣八名道士前往高句丽。高句丽建道观安置之,请道士做护国安镇山川的科仪,并在朝廷中“尊道士坐儒士之上”。宋代,高丽王朝又从中国请来道士,创建福源观。福源观有道士十余人,除了从中国请来的,还有高丽本国人。不过,道教始终没有实现“本地化”。因此,当中国的政治、经济、文化的影响减弱后,道教在朝鲜半岛的传播就终止了。

二是“跟出型”。其中之一,道教是跟随着中国军队出去的。越南北方在唐宋时期称安南郡,有中国的官员和军队驻守。道教信仰也就跟了出去。现在越南北方仍供奉玉皇大帝、玄天真武大帝。另一种,道教是跟随着中外文化交流传出去的。公元 630—894 年,日本曾先后派出大约十九批遣唐使到中国,学习唐朝的文化和制度。这些遣唐使回归日本时,也把中国道教的典籍带到了日本。公元 7 世纪末的《日本国见在书目录》中道教典籍被带回日本的就有六十三种。日本虽然没有道观和道士,但是道教对于日本的影响是显而易见的。日本最高统治者称为“天皇”,而“天皇”就来源于道教的天皇大帝。天皇传承有三件神器:玺、镜和剑。而这三件神器正是道教的法器。日本朝廷上层官吏的服装都是紫色的,天皇宫廷之门也涂紫色,称为“紫门”,而道教重视紫色,称“紫气东来”。日本神道教有“献横刀咒”,其咒词奏请的神灵中有“司命司籍,左东王父,右西王母,五方五帝”,这些神灵完全是中国道教的神灵。中国道教是跟着日本来华学习的遣唐使去日本的,

图 210　马来西亚吉隆坡仙师四师宫

图 211　马来西亚吉隆坡关帝庙土地公像

或者是随着后来的中日经贸和文化交流过去的。

三是“带出型”。近百年来中国社会动荡不安，因此，中国人曾经先后出现过多次出国风潮。每次出国风潮的社会条件不同，出国人的素质和情况也不同，但有一点是相同的，那就是他们大多也把中国传统信仰，包括道教，带到了异乡客地。特别是清代末年第一次出国潮中，华侨下南洋时，大多要从故乡的神庙里请上一尊神像，从故乡庙观的香炉里包上一小包香灰。他们以这些护身神物，祈求家乡神灵保佑航行。到达目的地后，有人就搭个茅棚，供奉来自“唐山”（祖国故乡的代称）的神像或神位。有的就把神像或神位供在自己家里，让同乡参拜。参拜的人多了，就将神像放到搭建的公屋里，那公屋也就成为大家聚会、议事和共同祭祀的地方。等到华人在客地取得成功，经济条件改善了，华人就会集资购地建庙（图210、211）。有的庙观碑文中写道：庙观里的每一根木料、每一块砖石、每一根石柱或者石梁，都是从“唐山”运来的。因此，他们都自豪地称庙观是从唐山分灵出去的。20 世纪 30 年代起，华侨站住脚跟后，有能力也有需要按照故乡的信仰习俗举行道教的礼仪活动，所以，他们就请道士到南洋去主持道教礼仪。而下南洋的道士则为了维持生计，除了做道场以外，有的还要种田、养殖或者经营杂货买卖。正因为这些庙观是自发建立的，所以，它们集中了明清以后民间信仰的特征，即儒释道三教融合。这些海外的华人庙宇大多是“先有庙后有道士”，同中国本土道教的“先有道士后有庙”不同。20 世纪 40 年代开始，出国的中国人中间就有道士，他们在国外兴建的道观就比较规范，仪式也比较正统。海外信仰道教的主要是华人，因此，并没有由于道教的传播而引起异质文化间的冲突问题。也就是说，尽管道教已经传到了国门之外，但是道教仍然秉承“道不言道，道不外传”的传统，丝毫没有代替或排斥传入国其他宗教的现象发生。

第十章

道教对中华文化的贡献以及对新世纪道教的展望

问：为什么说道教是中国传统文化的重要组成部分？

答：中华文化已经有五千年的历史，具有深厚的积淀。中华文化的积淀概括起来说就是中华传统文化。道教也已有了两千年的历史。道教作为一种文化也是中华传统文化的组成部分。从道教的教义思想来说，它继承了先秦的道家思想，成为道家思想的载体，并将之作为道教神学的基础。魏晋以后,道教作为道家思想继承人,不断丰富和发展着道家思想,并且成为具有道家思想的中国人的信仰实体。道教在漫长的历史发展过程中，同儒家和佛教相互依存，相互吸收，共同组成了中国社会的思想库,为中国社会各阶层民众服务。道教对于中国政治和社会的历史曾经有过重要作用，在某些历史时期，道教还直接影响到朝廷的决策，特别是对于

图 212 北京白云观道教音乐团演出

图 213 河南道乐

中国下层民众的社会理想、生活习俗和信仰习惯都有广泛而持久的影响。在中华传统文化中，道教又同其他文化样式保持着密切的联系。中国文学中，以道教故事和道教长生成仙思想为主题的作品不计其数。中国艺术中，不论是美术或者音乐作品（图 212、213），还是以道教神仙故事为蓝本或者推崇道家恬淡自然的情感的作品，都不计其数。有的已经成为中国文学艺术的瑰宝，至今仍受到人们的喜爱。道教在以长生为目标的追求之中，还在客观上对中国古科学的发展作出了贡献，特别是在医学、养生学和环境保护等方面更为突出，其中的宝藏值得当今世界的人们重视和发掘。正因为道教对于中国社会、中国文化的发展曾经有过巨大影响，所以人们常说，道教是中国传统文化的三大支柱之一，而且这一支柱在今后的岁月里仍将继续发挥作用。

问：道教的哲学和神学对于中国思想宝库有过怎样的贡献？

答：道教信仰的来源复杂多端，但是其主要来源却是明确的，那就是先秦道家。道教以《道德经》为基本经典，并且在《道藏》中汇集了明以前历史上出现过的大部分《道德经》注本。其中注解《道德经》的道教中人也有几十位之多，这些都说明道教对先秦道家的直接继承关系。道教的各种经典也都弘扬和体现了《道德经》的基本思想，从不同方面展开和推进先秦道家思想随着时代的发展而不断发展。在中国传统思想宝库中，道教作为道家思想的载体，与受到朝廷官方支持的儒家，以及作为佛教文化载体的佛教，构成中国传统文化的三大支柱，并且发挥着持续的影响。道教在继承与发扬《道德经》思想中最大的改动，就是从道家哲学中衍生出道教的神哲学，即道家的有神论哲学体系。《道德经》中没有“神”这个词。《老子想尔注》就说：“一散形为气，聚形为太上老君，常治昆仑，或言虚无，或言自然。”这里将“一”衍生为“太上老君”神灵。魏晋南北朝时期的道教神哲学思想的核心思想是“长生不死”，将“人法地，地法天，天法道，道法自然”衍生为从人变成神仙的理论。从这一理论出发，道教教义对于宇宙、社会以及个人的社会伦理行为等作出了一系列新的解释。唐代和北宋时期，道教神哲学理论的发展进入了新的阶段，将原来的丹药成仙思想推进到修炼“心性”而得道成仙，并且在神仙思想中增加道德的内容。这样就在思想上推动儒释道的融合，并为宋明理学的出现和发展作好了铺垫。金元时期，道教顺应三教合一的时代思潮，继承道家、道教清净无为之旨及钟吕内丹之学，融摄佛教心性之学，使得道教神哲学出现了内丹神学，这也推动了中国思想宝库中三教合一的进程。

问： 道教在中国文学艺术方面有什么贡献？

答： 道教对中国文学艺术有诸多贡献，主要表现如下：在道教诗歌方面，传世佳作浩如烟海，人才辈出，代表人物有李白、张雨等；在诗歌类型方面，有“步虚词”脍炙人口，代表人物有唐代刘禹锡、金代元好问、元代丘处机等。在道教音乐方面，除了有民间音乐大家华彦钧，还有已经被列入国家级非物质文化遗产名录的苏州玄妙观道教音乐、北京白云观道教音乐、茅山道教音乐、上海道教音乐等；在道教曲艺

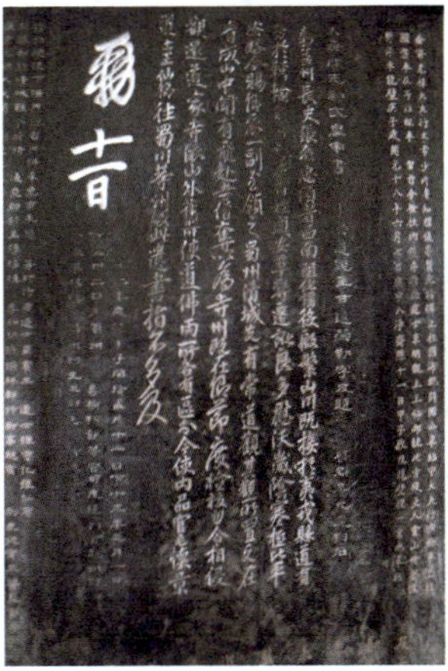

图 214 青城山唐玄宗御书碑

图 215 挥毫泼墨

图 216 敦煌栖云观壁画

图 217 妙手丹青

图 218 龙山石窟塑像

戏剧方面，有民间喜闻乐见的“道情”和“神仙道化剧”等。此外，在道教书法（图 214、215）、道教绘画（图 216、217）、道教雕塑（图 218、219）等方面，古今都有大家，流传着许多不朽的作品。

图 219 山西晋城玉皇庙造像

问： 道教色彩的诗歌具有怎样的艺术特点？

答： 中国是个诗歌的国度。自有《诗经》以来，直到今天的新诗，诗歌创作从未中断。一部《全唐诗》收诗四万八千多首。一部《全宋词》收词一万九千九百多首。至于中国有多少诗歌，恐怕难以统计。道教色彩的诗歌，所指有两类：一类是道士写作的诗歌，一类是文人以道教思想描写道教生活的诗歌。两类诗歌尽管作者不同，时代不同，内容各异，但有一些共同的艺术特点。第一，积极向上的精神。不管修道生活多么简陋，条件多么艰苦，作品中的道士们都保持着积极向上的精神。例如郭璞的《游仙诗其二》称："青溪千余仞，中有一道士。云生梁栋间，风出窗户里。借问此何谁，云是鬼谷子。翘迹企颖阳，临河思洗耳。阊阖西南来，潜波涣鳞起。灵妃顾我笑，粲然启玉齿。蹇修时不存，要之将谁使。"第二，教化向善的内容。例如全真七子王处一的《赠招远三宝庵道众二首》之二称："勿违国法莫欺心，三宝光明自照临。认正本来无一物，一轮圆耀出瑶岭。"第三，恬淡含蓄、婉转柔美的风格。例如黄慎的《浮山观》曰："报午鸡声谷口家，晚来流出一溪霞。道士懒阅尘封卷，药圃新锄草迸芽。管领春风轻柳絮，廉纤小雨湿桃花。客来一勺寒泉水，相对无言但煮茶。"（图220）

图220 崂山丘祖诗摩崖石刻

问： 什么是“步虚词”？

答： 根据步虚曲调填写的诗篇，后人就称之为“步虚词”。《乐府诗集》有《乐府解题》称：“步虚词，道家曲也，备言众仙缥缈轻举之美。”隋唐以后，步虚词成为诗体之一种，或五言，或七言，八句、十句、二十二句不等。作者既有帝王，如隋炀帝、宋太宗、宋徽宗等，也有文人学士和道士，如唐代的刘禹锡、金代的元好问和高道丘处机等。步虚本来是道教科仪中的一种节次，但是步虚词，大多不是为行仪而作，而是将步虚词当成体裁所作的诗篇，所以不少步虚词并未见于科仪经书之中。例如刘禹锡有《步虚词二首》，云：“阿母种桃云海际，花落子成三千岁……华表千年一鹤归，凝丹为顶雪为衣。”元好问的《步虚词》，有“阆苑仙人白锦袍，海山宫阙醉蟠桃。三更月底鸾声急，万里风头鹤背高”之句，其中寄托着作者对神仙世界的向往，对修道生活的追求，曲折地反映了作者对现实生活的不满，并不适宜在科仪中诵唱。而宋代张商英编辑的《金箓斋三洞赞咏仪》三卷，其中录有宋太宗御制《步虚词》十首、宋真宗御制《步虚词》十首和宋徽宗御制《步虚词》十首，都是道士在举行金箓斋仪时诵唱的步虚词。宋徽宗的步虚词曾为宋代道教音乐谱集《玉音法事》所采集，可见这些步虚词在宋代就已被道士在行仪时诵唱。后世编辑的道教科仪用书里，也曾多次引用，有的至今仍在演唱，例如：“昔在延恩殿，中霄降九皇。六真分左右，黄雾绕轩廊。广内尊神御，仙兵护道场。孝孙今继志，咫尺对灵光。”

问： 什么是“道情”？

答： “道情”是一种以弘扬道教教义思想，讲述道教神仙故事为内容的说唱曲艺形式，起源于唐代的道曲。道情初创时是无伴奏的，南宋开始用渔鼓、简板等敲打演唱节奏。元明时期出现了文人创作的道情作品，题材也从道教神仙和教化内容扩大为民间故事，如《吕洞宾三戏白牡丹》等。道情在流传中，同当地的民间音乐素材相结合，形成了具有不同地方风格的道情，例如江西道情、陕北道情、湖北道情、四川道情等。各地的道情始终保持以唱为主的形式，其表演则有坐唱、站唱、单口唱和对唱等多种。在道教斋醮中，一些以教化为目的的科仪，例如解冤释结等，也吸收了类似道情的形式，说说唱唱，颇为信徒喜闻乐见。

问： 什么是“神仙道化剧”？

答： “神仙道化剧”是明代朱权按内容对元杂剧分类的一种类别，指的是以神仙故事为题材，以劝人为善为主题的杂剧。例如：马致远的《吕洞宾三醉岳阳楼》《西华山陈抟高卧》《邯郸道醒悟黄粱梦》，无名氏的《张天师断风花雪月》，无名氏的《萨真人夜度碧桃花》，等等。这类杂剧或者以神仙为主人公，或者以道士为主人公，大多以人因被酒色财气所迷惑，经过神仙或道士的教化，幡然醒悟，追随入道为内容。其中有的情节曲折、故事生动、人物形象鲜明，因此被后世改编成各种地方戏剧，盛演不衰，例如《张羽煮海》《柳毅传书》《庄周梦蝶》《八仙庆寿》等。

问：有人以“此曲只应天上有”来形容道教音乐，这是为什么？

答：道教音乐根据演奏的场合可以区分为两类：一类是斋醮音乐，使用在斋醮科仪中，作为道士诵唱、行走和施法时的伴奏音乐（图 221）；另一类就是一些以道教思想为指导，由文人创作抒发感情的道曲。前一类道教音乐由于主要应用于道场科仪之中，而科仪大多包含人神沟通的内容，例如上供、焚香、升坛、发炉、步虚、迎驾等，因此，它的曲调、演奏速度乃至于乐器配置，都着力塑造庄严、徐缓、虚幻和缥缈等气氛，曲调优美、典雅。同时，道教音乐大多是历史上口口相传至今的，未作大的改动，其音乐语言大多富于历史气息。如明《道藏》就收有《玉音法事》，记载的是宋代道曲。因此，今天来欣赏

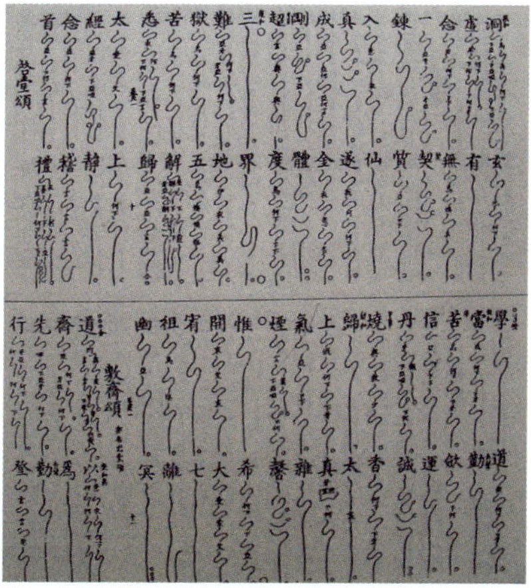

图 221 古乐谱《敷斋颂》

道教音乐的观众大多会感到古老而陌生，发出“此曲只应天上有”的感慨。（图 222）

图 222 第七届道教音乐汇演剧照

问： 创作《二泉映月》的演奏家华彦钧是不是道士？

答： 《二泉映月》是一首二胡独奏曲，由华彦钧创作。近年来经过不同演奏家的努力，加上世界著名交响乐指挥家的处理，《二泉映月》已经成为中国音乐的名曲代表，受到世界人民的喜欢。（图 223）华彦钧（1893—1950），江苏无锡人，江南著名的正一派道士，别称“阿炳”，由于晚年失明，俗称“瞎子阿炳”。他的父亲名华清和，也是正一派道士，曾任无锡洞虚宫偏殿雷尊殿的当家，精于江南民间音乐，会演奏多种乐器。华彦钧以徒弟身份自幼随父学道，学习江南民间音乐，受到了严格的训练，精通笛子、二胡、琵琶和鼓等乐器演奏，青年时期就成为江南著名道士和道教界出色的乐师。华彦钧出于对民间音乐的爱好，广泛学习江南的民歌、丝竹乐和戏曲等，这些经历极大地丰富了他的音乐表演能力。同时，他与各界广泛交谊,当时曾引起某些比较保守的道长的不满。20 世纪 30 年代以后，由于时局动乱，雷尊殿难以维持，华彦钧无奈变卖道产以维持生活，也离开了道门。后来因为双目失明，生活穷困潦倒，只能上街流浪卖艺。九一八事变和一·二八事变以后，华彦钧还经常在无锡崇安寺等地演唱救亡歌曲，编唱时事新闻。在卖艺演奏中，华彦钧将民间音乐素材和道教音乐结合起来,加工创作,编写了《寒春风曲》《听松》和《二泉映月》等名曲，以道教音乐素材表现对于现实苦难生活的思考以及对于未来美好生活的热爱和憧憬。

图 223　二泉映月（苏州姑苏仙乐团）

问： 道教永乐宫的壁画为什么堪称“东方艺术之冠”？

答： 永乐宫，又名“大纯阳万寿宫”，全真派三大祖庭之一。原在山西芮城县永乐镇，后因修建三门峡水库工程的需要，经过国务院批准，永乐宫全部建筑按照原样被搬迁到龙泉村，复原重建。其主体建筑有五座，即宫门、龙虎殿(无极门)、三清殿（无极殿）、纯阳殿（吕祖殿）、重阳窟（七真殿）。除宫门外，其余建筑都是元代所建。三清殿是永乐宫的主殿，宽七间，深四间，八架椽，单檐，五脊顶。殿内原有三清神像，今已不存。全殿绘有《朝元图》壁画，长101.6米，高4.25米，共421.8平方米。由河南画师马启祥等在元代泰定二年（1325年）绘制。《朝元图》描绘了诸天神灵朝拜元始天尊的宏伟场面。（图224）以青龙白虎星君为先导，以三十二帝君为后卫，以八位天尊主神为中心，四周环侍着金童、玉女、天丁、力士、

图224 永乐宫壁画《朝元图》局部（元）

神王、侍臣等，共达 290 余位神像。神灵群像高如真人，排列多达四层，结构谨严，错落有致。形象各异，栩栩如生，惟妙惟肖。全画以墨线勾勒，线条圆浑有力。衣纹飘逸，有动感。重彩勾填，浓淡相宜。龙虎殿壁画面积达 80.12 平方米，绘有神荼、郁垒、城隍、土地等神像，高大威武。纯阳殿和重阳殿内绘有《纯阳帝君仙游显化图》和《王重阳得道度化弟子图》，都是用连环画的形式。其中，《纯阳帝君仙游显化图》共 52 幅，193 平方米。《王重阳得道度化弟子图》共 49 幅，162 平方米。一个宫观有如此规模的壁画，壁画又如此精美宏伟，在中国乃至在东亚都是绝无仅有的，因此，永乐宫壁画被人们称为“东方艺术之冠”。

问：**您作为道教界的元老，请您谈谈中国道教未来发展的趋势如何？**

答：道教的未来，首先是道教会不会消亡的问题。道教是一种宗教，因此道教会不会消亡的问题也就是宗教会不会消亡的问题。《道德经》说“道法自然”。宗教像人一样，自然有生必有死。但是，从目前对人类社会的研究来看，宗教的消亡还是遥不可及的，因为人类社会还有宗教赖以存在的基础。要消除这些宗教存在的基础，就必须进入“谋事在人，成事也在人”的时代。而要进入那个时代，人类还有很长很长的路要走，绝不是一两个世纪甚至十个二十个世纪就能实现的。另外，道教以“道”为基本信仰。“道”是一个永恒的存在。而“谋事在人，成事也在人”的目标，也只有人和“道”能够合而为一的时候才能办到，因此，社会的发展和进步实际上就是人类不断学道、认识道、接近道的过程。在这个过程没有完成之前，道教自然不可能消亡。我们常说道教是中华传统文化的组成部分，而创造中华传统文化的是伟大的中华民族。中华民族已经有了五千年的文明史，这个文明史还会继续谱写下去，不会也不可能终止。正因为如此，道教也会始终存在下去，不可能终止。中华传统文化不是封闭的，而是开放的。道是变化的，因为道教也不是封闭的，而是开放的、发展变化的。一百年以后，道教可能就不是今天的模样了。再过一百年，道教又可能发展成

图 225 北京白云观民国时期庙会场景

图 226 辽宁千山五龙宫庙会场景

另外一个样子了。道教的变化，只是道教的外在形式，例如宫观、科仪、组织、祭拜程式等，而道教对于“道”的基本信仰、道教的神哲学思想、道教供奉的神灵等却不会变化，正如中华传统文化会发生变化而中华民族的根底却不会变化一样。因为，根底变化了，那就不是中华传统文化了。道教的信仰变化了，道教也就不成其为道教了。道教的过去是同中华传统文化的命运息息相关的，道教未来的发展也同中华传统文化的发展紧密相连。中华文化不断进步发展，道教也会随着中华传统文化的步伐，继续谱写新的篇章。（图 225、226）

插图目录

第四章 道教的发展和兴衰

第五章 道教组织的教制、教职和规戒

主题词笔画索引

说明

一、本索引收录本书主题词，右侧数字是其所在正文（主要介绍）的页码。

二、本索引以主题词首字的笔画和笔形（一丨丿丶）分别编排，首字相同的，依第二字的笔画笔形；第二字相同的，依第三字，余类推。

【九画】

图书在版编目（CIP）数据

道教常识答问插图本 / 陈莲笙著 . -- 2 版 . -- 上海 : 上海辞书出版社 , 2025. -- ISBN 978-7-5326-6291-3

Ⅰ . B95

中国国家版本馆 CIP 数据核字第 2025K4R362 号

DAOJIAO CHANGSHI DAWEN CHATUBEN(DI ER BAN)

道教常识答问插图本（第二版）

陈莲笙 著

责任编辑 王 媛
装帧设计 杨钟玮
责任印制 王亭亭

出版发行 上海世纪出版集团
上海辞书出版社®（www.cishu.com.cn）
地 址 上海市闵行区号景路 159 弄号 B 座（邮编：201101）
印 刷 苏州市越洋印刷有限公司
开 本 787 毫米 ×1092 毫米 1/32
印 张 10.25
字 数 189 000
版 次 2025 年 5 月第 1 版 2025 年 5 月第 1 次印刷
书 号 ISBN 978-7-5326-6291-3/B · 349
定 价 88.00 元

本书如有质量问题，请与承印厂联系。电话：0512-68180638